AF371092

LES CHANTS DU BIVOUAC

PAR

THÉODORE BOTREL

„Chansonnier des Armées"

PARIS, PAYOT & Cie

5ME MILLE

Les Chants du Bivouac

6017

S 4c
9112

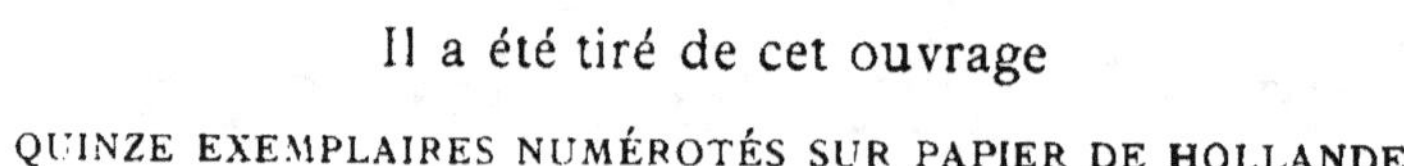

Il a été tiré de cet ouvrage

QUINZE EXEMPLAIRES NUMÉROTÉS SUR PAPIER DE HOLLANDE

Tous droits de reproduction, de traduction et d'adaptation réservés
pour tous pays.
COPYRIGHT, BY PAYOT & Cie, 1915.

THÉODORE BOTREL

REFRAINS DE GUERRE

Ire série.

—

Les Chants du Bivouac

(1er août-31 décembre 1914)

PAR

THÉODORE BOTREL

———

AVEC UNE PRÉFACE DE M. MAURICE BARRÈS
de l'Académie française.

———

107 dessins à la plume de CARLÈGLE
et un portrait de l'auteur par PAUL JOBERT.

PARIS

LIBRAIRIE PAYOT ET Cie
46, RUE SAINT-ANDRÉ-DES-ARTS, 46

—

Tous droits réservés.

237402

PRÉFACE

LE CHANSONNIER DES ARMÉES

Millerand a fait une jolie chose. Il a chargé Botrel de se rendre « dans tous les cantonnements, casernes, ambulances et hôpitaux, pour y dire et chanter aux troupes ses poèmes patriotiques ». Et depuis trois mois le bon chansonnier circule au milieu de nos troupes, amusées et intéressées. Je rêvais de l'entendre et de voir son public, et justement voici qu'à Belfort, au rez-de-chaussée de l'hôtel où vivent familièrement tous les officiers et l'aimable préfet patriote, quelqu'un me dit :

— Botrel est ici.

— Ah ! c'est un brave garçon plein de cœur et qui sait son affaire. Je voudrais beaucoup l'applaudir.

— Rien de plus aisé. Matin et soir, on groupe autour de lui les soldats, et dans l'intervalle il s'en va chanter auprès des blessés.

Le lendemain matin, fort aimablement, on est venu me chercher et me conduire au quartier, dans l'immense salle du manège où deux mille soldats en bon ordre étaient déjà rangés devant une estrade très haute et peu solide, gentiment décorée de faisceaux tricolores. On m'installe, j'en suis tout confus, dans le fauteuil présidentiel, au milieu du petit groupe des officiers ; mais, faute de place, les deux mille soldats demeurent debout et fort serrés. Diable ! me disais-je, c'est moi qui ne voudrais pas être à la place de Botrel ! Comment va-t-il dégeler son monde et se dégeler lui-même ? Comment va-t-il, dans cette salle plutôt froide et sombre, saisir la pensée de ses hommes à jeun et la faire rayonner ?

Il arrive d'un pas ferme, un peu balancé, à la manière des matelots ; il monte là-haut, la figure avenante et tranquille, et, tout de suite, d'une voix usagée mais chaude et forte, il s'explique, il dit ses titres, ses raisons d'être bien accueilli et adopté. Le tout clairement et modestement, d'une manière qui passe la rampe et intéresse le public. Il se met à chanter :

« N'attendez pas, mes camarades, — que j'aille amollir votre ardeur — par de vaines jérémiades — qui ne viendraient pas du cœur ! — Quand l'Alsace criait à l'aide, — sous la botte de son larron — petit sergent de Déroulède, — j'ai vingt ans sonné du clairon... »

Il se réclame de Déroulède, il est un de ses fils en esprit, et près de moi, parmi ces officiers, voici un jeune lieutenant, fils de mon cher ami le marquis de Morès, dont les patriotes gardent la mémoire. Ainsi apparaissent de nouvelles générations qui accomplissent les rêves de leurs pères. Dans quel noble milieu je me trouve ! C'est vraiment un foyer tout prêt, d'où sortiront demain l'enthousiasme de la bataille, l'acceptation du sacrifice, le grand frisson de l'héroïsme. Et ces héros en puissance, pour le plus grand nombre des paysans, regardent le chanteur avec ébahissement et circonspection, comme la lampe mystérieuse des contes magiques. Eux qui possèdent une telle puissance de calorique latent, ils s'émerveillent de cette petite flamme de lumière et de chaleur. Beaucoup d'entre eux, simples gens de la campagne, trouvent pour la première fois une expression à leurs sentiments. Botrel les attendrit, puis il les fait rire ; il les réunit en leur proposant des pensées chères à tous et surtout en leur donnant physiquement un rythme.

« Il nous faut la victoire, pour venger le drapeau », leur chante-t-il sur un vieil air populaire. Et puis c'est la *Lettre du soldat à sa grand'mère* : « Si je meurs (dame ! faut tout prévoir), — priez Dieu, pour moi chaque soir, — et réconfortez la Marie : — dites-vous, fières de cela — que je suis mort en bon soldat, — pour la Patrie ». Mais, au moins, n'allez pas larmoyer ! Voici sur l'air de *Marlborough* un « *Guillaume s'en va-t'en guerre* » qui déchaîne un immense rire. Et quel succès pour *Les Goths*, chanson d'actualité : « Je viens d'explorer en Champagne, — châteaux et maisons de campagne — d'où l'état-major allemand — vient de déguerpir lestement. » La propriétaire revient. « A ses hôtes d'une semaine, — montrant le sac de son domaine, — elle dit, jupon haut troussé — et le nez gentiment pincé : — La France a subi les ravages, — messieurs, de trois hordes sauvages, — Goths, Ostrogoths et Visigoths : — *il lui manquait les Saligoths !* » Avouez que ça n'est pas mal. Puis c'est *Les lauriers vont fleurir*, *Le Paimpolais*, *Plumons-la donc*, *En revenant de guerre*, etc.

Et, pour finir, la *Kaisériole*, sur l'air de la *Carmagnole* : « Le Kaiser s'était bien promis — d'être en sept, huit jours à Paris. — Mais il ne l'a pas pu, — grâce au Belge têtu », etc., etc.

Vous sentez bien qu'à ces couplets-là, depuis longtemps, la verve de Botrel avait achevé de se répandre dans la salle et de se réfléchir sur la physionomie de ses auditeurs. Ils étaient à l'unisson, et sans effort, dès qu'il le leur demanda, ils commencèrent de chanter avec lui. Il ne les quitta pas qu'ils n'eussent appris ses refrains les mieux cadencés et les plus limpides. Tout le monde était ravi, et c'est de bien bon cœur que je lui donnai l'accolade.

— Alors, mon cher Botrel, ce bon apostolat de la chanson, vous le menez depuis plusieurs semaines ?

— Depuis le 3o août, qui est la date où le ministre a pris sa décision. Voilà mon carnet avec les attestations des chefs militaires qui m'ont accueilli. Vous voyez que je ne me suis pas reposé un seul matin ni un seul soir.

— Dites-moi, Botrel, ce carnet, voulez-vous me permettre de le feuilleter à mon aise ?

J'ai emporté le petit agenda à l'hôtel. On y trouve en quelques lignes l'opinion du chef de service chez qui Botrel a chanté ; et puis, en travers, deux, trois lignes du chansonnier sur sa journée. Quel joli bibelot, oh ! pardon, quelle précieuse et touchante relique de la guerre sera plus tard ce modeste livret, témoin de la bonne volonté d'un poète et des plaisirs de nos blessés.

Voulez-vous avec moi y jeter un coup d'œil ? Le 1er septembre, Botrel part de Paris à 1 h. 32 ; il arrive à la Ferté-Milon à 4 heures, il est obligé de retourner à Paris : on se bat vers Villers-Cotteret, et l'armée anglaise, protégée par son artillerie, défile sur la voie.

— Le 2, il repart de Paris à 6 heures, pour arriver à Toul à 9 heures du soir. « Ville absolument fermée. Rien à manger ni à boire. Pas d'hôtel. » Il couche dans la gare. N'est-ce pas que cet abrégé donne schématiquement certaines couleurs de la guerre ? Le 3, le 4 et le 5, Botrel chante à Nancy au milieu des ambulances ; le 6, à Mirecourt, le 7 et le 8 à Epinal et à Neuchâteau, au pays de Jeanne d'Arc. Ecoutez cette note du 9 septembre : « Parti à 8 heures, je fais à pied les cinq kilomètres qui séparent la gare et Domremy. Temps idéal. Deux hommes seulement pour faire les foins. Les prés sont mauves de *veilleuses* qui annoncent déjà l'automne. Au loin le canon. Je compose une poésie : *Chez Jeanne.* »

J'aime cette indication, que le chanteur des foules sache maintenir autour de son être un peu de désert, assez d'espace pour que sa muse et le pays se parlent. A feuilleter ensemble plus longuement ce carnet, nous y trouverions beaucoup de traits à recueillir, et qui font de nous tous des amis de Botrel. Celui-ci par exemple, à la date du 14 septembre : Botrel a chanté à Brienne devant six ou sept cents éclopés et blessés du dépôt, et le médecin-chef écrit d'une belle écriture claire : «Résultat inattendu de la visite de M. Botrel : la plupart des éclopés ont demandé à repartir en avant. N'est-ce pas le meilleur éloge à adresser au chansonnier ? »

Là-dessus, j'ai mis le carnet dans ma poche et je suis sorti en rêvant que Botrel, ainsi accepté, applaudi, entouré par le plus noble et le plus vrai des publics, agrandît et fortifiât son genre, et qu'il ajoutât au meilleur de son acquit ce que lui proposent de largement national les moments extraordinaires où il se meut. Le voilà côte à côte avec des réalités grandioses. Puisse-t-il en accueillir la leçon ! Parlons plus net : je voudrais que sa chanson, dorénavant contînt quelque semence que ses rythmes persuasifs déposeraient dans les esprits.

Mais qu'est-ce que je veux de plus ? Tout à l'heure, au manège, quand il achevait de chanter, j'ai entendu un capitaine dire à mi-voix : « Voilà de la bonne semence. Les Allemands s'en apercevront. »

J'en étais là de mes réflexions, tout en suivant le quai de la Savoureuse, quand deux soldats s'arrêtent et me font le salut militaire. Naturellement, je leur tends la main :

— Bonjour, camarades ! Vous me connaissez ?

— Oui, monsieur Botrel.

— Non, pas Botrel. Je suis son ami et je l'admire, mais je m'appelle Barrès.

— Ah ! Maurice Barrès ! ça, c'est bien aussi.

Le « ça » était charmant de délicatesse, de désir de plaire ! Allons, mon cher Botrel, qu'est-ce que j'avais à vouloir secrètement, dans mon esprit, vous conseiller, vous guider ? C'est Grosjean qui veut en remontrer à son curé. Vous menez votre affaire admirablement. Votre besogne est salubre. L'Académie devrait bien vous donner un joli prix. Et vous, un jour, après la guerre, est-ce que vous ne pourrez pas me faire une place dans l'une de vos chansons, en souvenir de notre rencontre à Belfort et pour m'introduire dans la sympathie de cet immense public qui vous aime ?

MAURICE BARRÈS,
de l'Académie française.

Novembre 1914.

REFRAINS DE GUERRE

Ire série.

En Bretagne...

BIBLIOTHÈQUE

HARDI, LES GAS!

HARDI, LES GAS !

Quoi ? Le tocsin tonne à l'église ?
C'est donc vraiment le branle-bas ?
Eh bien ! puisque l'on mobilise,
      Hardi, les gâs !

Le Kaiser, d'un ton de rogomme,
Vient nous provoquer aux combats ?
Rallions tous comme un seul homme :
      Hardi, les gâs !

Depuis trop longtemps il nous berne
Tout en faisant le fier-à-bras ;
Bouclons le sac et la giberne :
      Hardi, les gâs !

Les Aigles de l'Autriche et celles
De la Prusse planent, là-bas ?
Rognons-leur donc, un peu, les ailes :
            Hardi, les gâs !

Prise d'une sainte colère,
La France appelle ses soldats ?
C'est bon ! ne tremble pas, la Mère :
            Voici tes gâs !

Et les voilà tous, ô Patrie !
Prêts, sitôt que tu le voudras,
A te donner, gaiement, leur Vie :
            Hardi, les gâs !

Et, narguant fatigue et souffrance,
Chantant pour mieux rythmer le pas,
Comme ils vont te venger, ma France !
            Hardi, les gâs !!!

(Port-Blanc, samedi 1er août.)

MES CLAIRONNÉES

MES CLAIRONNÉES

N'attendez pas que je vous plaigne
Fiers soldats, rudes matelots ;
Que, sur votre sort ma voix geigne
Avec de sombres trémolos ;

N'attendez pas, mes camarades,
Que j'aille amollir votre ardeur
Par de vaines jérémiades
Qui ne me viendraient pas du cœur ;

Le vin tiré, reste à le boire :
Le nôtre est tiré, compagnons !
Buvons-le vite à la victoire
Finale de nos bataillons !

Nous n'avons pas cherché la guerre,
Mais, vingt dieux ! puisqu'on nous la fait,
Nous ne nous arrêterons guère
Que Guillaume à jamais défait.

Quand l'Alsace criait : « A l'aide ! »
Sous la botte de ce larron,
Petit sergent de Déroulède
J'ai, vingt ans, sonné du clairon ;

Et, jusqu'à ce que l'on m'égorge,
Tant bien que mal — même râlant —
Je veux sonner à pleine gorge
Comme Déroulède et Roland ;

Et ma chanson, alerte et pure,
Rythmant votre sublime essor
Ne s'arrêtera — je le jure —
Que vous triomphants... ou moi mort !

(Pont-Aven, 4 août.)

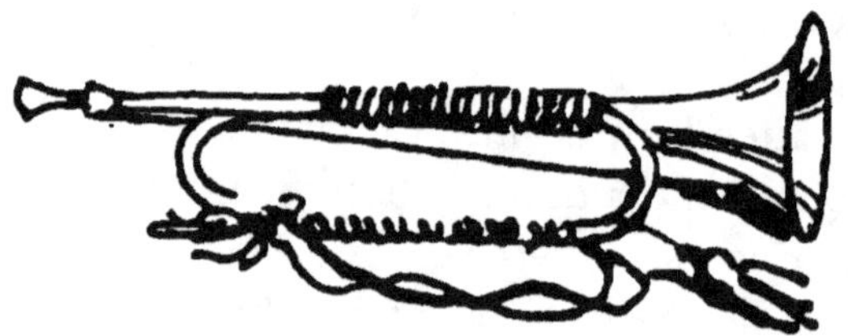

LA LETTRE DU SOLDAT

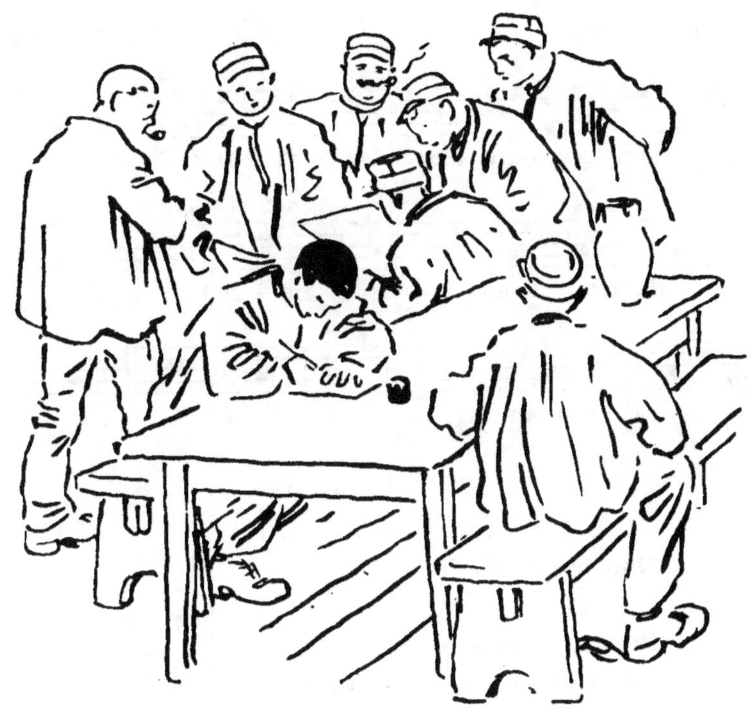

LA LETTRE DU SOLDAT

Sur la chanson « La lettre du gabier [1] ».

Musique de THÉODORE BOTREL.

Allegro.

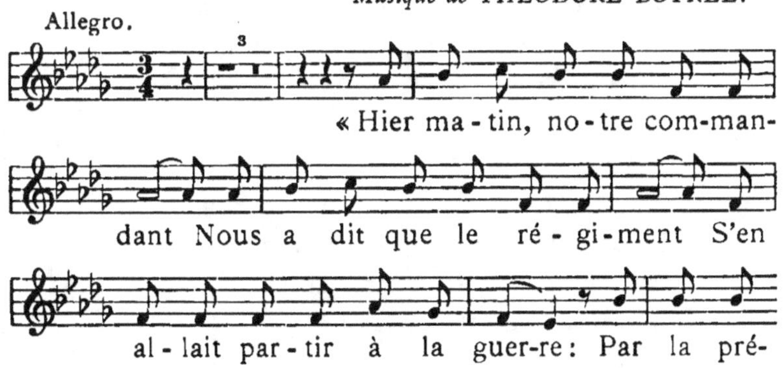

[1] Georges Ondet, éditeur de l'accompagnement de piano, Faubourg Saint-Denis, 83, Paris.

I

« Hier matin, notre commandant
Nous a dit que le régiment
S'en allait partir à la guerre :
Par la présente, votre fieu
S'en vient vous dire son adieu,
    Bonne grand'mère !

II

J'aurais bien voulu, core un coup,
Mettre mes bras à votre cou
Tout comme au temps de mon enfance,
Mais, l'un et l'autre, oublions pas
Qu'à présent votre petit gâs
    Est à la France !

III

Paraît qu'on va voir les Prussiens
Avec tout un tas d'autres chiens :
Ils seront battus par les nôtres !
Si je vas au « front », faudra voir :
Je saurai faire mon devoir
    Comme les autres !

IV

Toujours d'attaque et point bancal,
Je veux revenir caporal
Ou, mieux encor, sergent peut-être !
Avec mes galons frais cousus
Je rirais si vous n'alliez plus
        Me reconnaître !

V

Embrassez pour moi, voulez-vous,
La Marie aux bons yeux si doux,
Celle à qui, chaque jour, je pense ;
Qu'elle me conserve son cœur :
Il sera, si je suis vainqueur,
        Ma récompense !

VI

Adieu ! pour de bon cette fois,
D'autant que, vraiment, je ne vois
Plus rien autre chose à vous mettre...
Jean-Louis,
            votre petit dernier,
Qui, sans finir de vous aimer,
        Finit sa lettre ! »

VII

Parlé : *Post-scriptum.*

Si je meurs (dam ! faut tout prévoir !)
Priez Dieu pour moi chaque soir
Et réconfortez la Marie :
Dites-vous — fières de cela —
Que je suis mort en bon soldat,
        Pour la Patrie ! »

LEURS AMIS ET LES NOTRES

.

LEURS AMIS ET LES NOTRES

C'en est fait : le crime est commis.
Guillaume est heureux : la Camarde
Avec tendresse le regarde ;
Tous les vautours sont ses amis ;

Les nôtres entrent en courroux
Et l'Europe entière se ligue
Afin d'opposer une digue
Entre notre agresseur et nous ;

Chacun nous amortit le choc :
Danemark, Hollande et Norvège
Veulent garder pure leur neige,
L'Espagne veille le Maroc ;

Contre les pandours allemands,
La libre Belgique se dresse,
Son Roi — beau de calme jeunesse —
En tête de ses régiments ;

Le vaillant petit Luxembourg,
Si français d'âme et de culture,
Vient d'être avec désinvolture
Envahi dès le premier jour ;

Et, se rappelant Magenta,
L'Italie — où vas-tu, Triplice ? —
Ne veut pas se faire complice
D'un si misérable attentat ;

L'Anglais a peine à contenir
Sa flotte immense et redoutable,
Et la Russie est formidable
Qui, vers nous, commence à venir !

Allemands, tremblez ! chaque jour
Un maillon s'ajoute à la chaîne :
Vous serez vaincus par la Haine !
Nous serons sauvés par l'Amour !

C'EST TA GLOIRE
QU'IL NOUS FAUT!...

C'EST TA GLOIRE QU'IL NOUS FAUT !

Musique de THÉODORE BOTREL [1].

Allegretto.

[1] Pour la musique d'accompagnement, s'adresser à M. Ondet, éditeur, 83, Faubourg Saint-Denis.

Quand, par delà la frontière,
On insulta le drapeau,
Dans un élan de colère
Nous chantâmes aussitôt :

C'est la guerr', la guerr', la guerre,
C'est la guerre qu'il nous faut !

Expulsons du territoire
Le kaiser et son troupeau...
Et trinquons à la victoire
En lichant un dernier pot :

C'est à boire, à boire, à boire,
C'est à boire qu'il nous faut !

Et voilà gaiement la troupe
Qui s'en va, le sac au dos ;
A travers la plaine on coupe,
Et l'on fredonne, au repos :

C'est la soup', la soup', la soupe,
C'est la soupe qu'il nous faut !

Quand la diane sonne : « En route ! »
On se réveille en sursaut !
Camarade, on n'y voit goutte ;
Passe-moi le tord-boyau :

C'est la goutt', la goutt', la goutte,
C'est la goutte qu'il nous faut !

Tout à coup une décharge
Nous couche, un tas, sur le dos...
Le clairon, d'un souffle large,
Nous fait frémir jusqu'aux os :

C'est la charg', la charg', la charge,
C'est la charge qu'il nous faut !

Et voilà que se déclanche
Le fameux plan du Pruscot :
Nous fondrons son avalanche
Car nous avons le cœur chaud :

C'est la R'vanch' la R'vanch', la R'vanche,
C'est la R'vanche qu'il nous faut !

France, il est dans ton histoire
Une page noire en trop :
France ! il nous faut la victoire
Pour venger notre drapeau :

C'est ta Gloir', ta Gloir', ta Gloire,
C'est ta Gloire qu'il nous faut !

FLEUVE DE LARMES

FLEUVE DE LARMES

Vive Dieu ! la race française
Superbement se ressaissit
Et, fredonnant la *Marseillaise*
En vérifiant son fusil,

Elle s'élance à la Frontière
Que viole un lâche ennemi,
Farouche, résolue et fière
Comme ses «Anciens» de Valmy !...

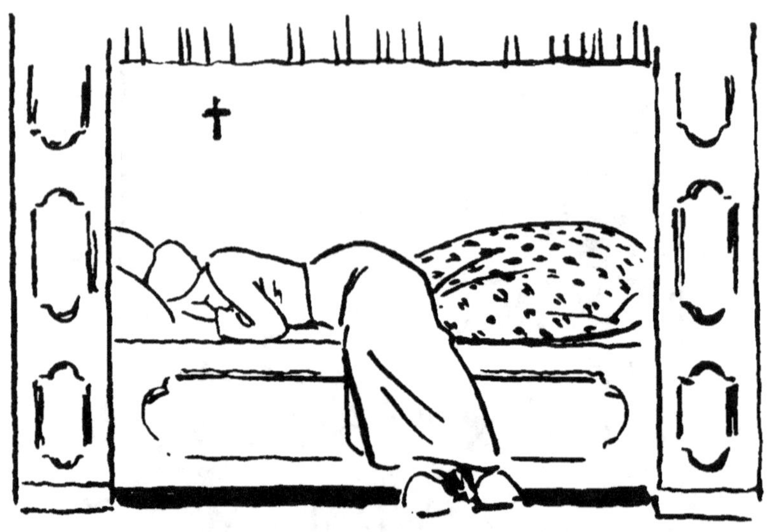

...Mais les épouses et les mères
Qui, jusques au dernier moment,
Cachaient leurs angoisses amères
En souriant stoïquement,

Les vaillantes de tout à l'heure,
Les longs trains disparus au loin,
Vite, ont regagné leur demeure,
Se terrant chacune en son coin ;

Et les pleurs de désespérance
Ruissellent dans tous les logis :
Tous les yeux des femmes de France,
Tous les yeux aimés sont rougis !

Et c'est un spectacle tragique !...
Larmes chaudes tombant, ici,
Tombant en Russie, en Belgique,
En Angleterre... en Prusse aussi !

Pleurs de la fille et de la Veuve,
Fleuve salé toujours montant,
Jusqu'où dois-tu monter — ô Fleuve ! —
Pour que le Kaiser soit content ?

***

Monte !... Et déborde !... Et, lourd d'alarmes
— Dieu t'ayant crié : Halte-là ! —
Va-t'en, dernier Fleuve de larmes,
Noyer le dernier Attila !

(Guingamp, 11 Août 1914.)

GUILLAUME
S'EN VA-T-EN GUERRE

GUILLAUME S'EN VA-T-EN GUERRE

Sur l'air de « Malbrough ».

Guillaum' s'en va-t-en guerre
(Colossal, ya, ya, colossal)
Comme un tigre en colère
Ou comme un vieux chacal. *(ter.)*

Il possède une Armée
(Colossale, ya, ya, colossale)
Qui n'est disciplinée
Qu' par la « schlague » nationale.

Il possède un' Marine
(Colossale, ya, ya, colossale)
Dont l'Anglais, j'imagine,
S'ra bientôt l'Amiral !

Il possède un Kronprinz...e
(Colossal, ya, ya, colossal)
A qui notr' soixante-quinze
Bouche un coin magistral !

Du « front » jusqu'à « l'arrière »
(Colossale, ya, ya, colossale)
Taillons-lui-z-un' croupière,
Qu'il en crèv', l'animal !

Qu' Madame à sa tour monte
(Colossale, ya, ya, colossale)
Et qu'un corbeau lui conte
Le grand deuil impérial ;

« Maudit par tout's les mères,
(Colossal, ya, ya, colossal),
J' l'ai vu porter-z-en terre
Par ses quat' *Maréchals :*

L'un portait son épée
(Colossale, ya, ya, colossale)
Quoique de sang trempée,
Ce n'est qu'un vieux « bancal » ;

L'autre son casque à pointe
(Colossal, ya, ya, colossal)
Et sa cuirass' disjointe
Par le grand coup final ;

L' troisièm' portait sa veste
(Colossale, ya, ya, colossale ! ! !)
Et le dernier qui reste
Ne portait que peau d' balle !

La cérémonie faite,
(Colossale, ya, ya, colossale)
Les Quat'-z-Alliés, en fête,
Dans un chant triomphal

Ont dit leur Joie profonde
(Colossale, hurrah ! colossale !)
D'avoir purgé le Monde
De ce monstre infernal ! »

LES COIFFES BLANCHES

A nos dévouées ambulancières.

LES COIFFES BLANCHES

Musique de THÉODORE BOTREL [1].

[1] La musique d'accompagnement est éditée par la Lyre bretonne, 83, Faubourg Saint-Denis, Paris.

I

Petites coiffes mignonnes
Que chez nous l'on garde encor,
Vous qui mettez des couronnes
Au front des filles d'Arvor,
Dans les sentiers sous les branches,
Pleins d'ajoncs étincelants,
Volez, volez, coiffes blanches,
Comme des papillons blancs...
Volez, beaux papillons blancs !

II

Grandes coiffes des aïeules,
A vous nos saluts fervents,
A vous qui rayonnez seules
Dans nos souvenirs d'enfants...

Grandes ailes qui se penchent
Sur les berceaux chancelants,
Volez, volez, coiffes blanches,
Comme des papillons blancs...
Volez, vieux papillons blancs !

III

Fines coiffes de dentelles
Des promises au cœur pur,
O vous à travers lesquelles
Apparaît un peu d'azur,
Quand nos filles, les dimanches,
Dansent avec leurs galants,
Volez, volez, coiffes blanches,
Comme des papillons blancs !...
Volez, gais papillons blancs !

IV

Coiffes de nos sardinières
Que les pêcheurs voient toujours
Les dernières, les premières,
Aux départs comme aux retours,
Sur les yeux couleur pervenches,
Près des flots ensorcelants,
Volez, volez, coiffes blanches,
Comme des papillons blancs !...
Volez, doux papillons blancs !

V

Et vous, coiffe humble et sévère
De la sœur de Charité,
Blanc bonnet d'ambulancière
Par la Croix-Rouge abrité,
Dans l'ouragan des Revanches,
Vers tous les blessés sanglants,
Volez, volez, coiffes blanches,
Comme des papillons blancs...
Volez, chers papillons blancs !

VAS-Y, MON HOMME !

VAS-Y, MON HOMME !

Musique de ANDRÉ COLOMB [1].

[1] L'accompagnement pour piano est édité par M. Ondet, 83, Faubourg Saint-Denis.

I

« Je t'écris c'billet, mon bon Jean,
Pour te dir'que je suis ben fière
D'apprendr'qu'on t'a nommé sergent
Pour ta bell'conduite à la guerre;
Tout ça, du reste, n'm'étonn'pas,
Car de tous les homm's du village
T'es non seul'ment le plus beau gâs
Mais, 'cor c'ti-là qu'a l'plus d'courage.

Vas-y, mon homme et cogn'dans l'tas !
Moi, je n'pleurnich'ni ne soupire :
Tu fais ton D'voir lorsque tu t'bats...
Moi je fais l'mien quand j'ai l'sourire !

II

« Par chez nous, à c't'heure, entre voisins
On ne fait plus qu'un'famille unique :
Ya plus d'poivrots, plus d'assassins,
On n'caus'plus jamais politique.
Nos blés sont coupés d'puis lundi,
Ben engerbés, ben mis en meule :
Avec notr'fieu qui s'dégourdit
J'pourrai... bientôt... les rentrer seule ;

C'est un petit homme aux bras musclés :
Les pieds d'aplomb dans ses galoches
Il m'a dit, hier : j'vas battre les blés
Pendant que l'pèr' va battr' les Boches !

III

« Et puis, grand'nouvell'pour la fin,
Cherche voir ! devin'devinette !. .
Eh ben ! voilà : depuis c'matin
T'es papa d'un'gross'pouponnette !
Ell'te ressemble ; oh ! que c'est ben toi !
Elle a tes bons grands yeux que j'aime
Et comme elle est solid', ma foi,
On t'espér'ra pour le baptême ;

Adieu, mon homm' ! Fais pour le mieux !...
J'finis ma lettr': v'là la nuit noire.
Tâch'de revenir victorieux
Pour que la p'tit'se nomme Victoire ! »

LA TERRE NATIONALE

LA TERRE NATIONALE

Réponse à l'« Internationale ».

Musique de **THÉODORE BOTREL** [1].

Mouvement de Marche accélérée.

[1] L'accompagnement pour piano est édité par M. Mazo, 8, Boulevard Magenta, Paris.

Dans l'u - ni - vers en - tier, de même Il n'est sous
le bleu fir - ma - ment Qu'u-ne seu - le terre qu'on aim' Comme une se-con-de ma - man.
REFRAIN, en chœur.
C'est la ter - re na - ti - o - na - le, Qui de nos
morts est l'im-men - se tom-beau ; Pour garder la ter - re na - ta - le Soy-ons tous
prêts à ris - quer no - tre peau, Pour la
ter - re na - ti - o - na - le, Ser-rons nos
rangs sous le mê - me dra - peau !

I

De même que du fond de l'âme
Nous n'aimons d'un aveugle Amour
Que la vaillante et noble femme
Qui, jadis, nous donna le jour,
Dans l'Univers entier, de même
Il n'est sous le bleu firmament
Qu'une seule Terre qu'on aime
Comme une seconde maman :

C'est la Terre nationale
Qui de nos morts est l'immense tombeau ;
Pour garder la Terre natale
Soyons tous prêts à risquer notre peau :
Pour la Terre nationale
Serrons nos rangs sous le même drapeau !

II

C'est la Terre douce et féconde
Où la brise de Messidor
Fait onduler la Moisson blonde
Comme un Océan d'épis d'or.
C'est la Terre où, tous les Automnes,
La vigne cuite au gai soleil
Verse, joyeuse, à pleines tonnes,
Au monde entier son sang vermeil !

C'est la Terre...

III

C'est la verdoyante campagne
Qu'à Tolbiac sauva Clovis ;
C'est la Terre de Charlemagne,
De Roland, du « bon Roi Loÿs » ;

C'est la Terre qui, déchirée,
Vit soudain bondir au rempart
Duguesclin, Jeanne l'Inspirée
Et le fier chevalier Bayard !

C'est la Terre...

IV

C'est la glèbe ardente... et jalouse
Des Libertés de ses sillons :
La Terre qu'en Quatre-vingt-douze
Sauvèrent ses fils en haillons !
C'est la Terre de sang trempée
D'où la Grande Armée en fureur
Surgit, mûre pour l'Epopée,
A la voix de son Empereur :

C'est la Terre...

V

C'est la Terre hier mutilée
En repoussant l'envahisseur ;
La Terre aujourd'hui violée
Par le même lâche agresseur ;
Mais notre France est immortelle :
Pour la défendre et la venger,
Français, — fraternisés dans Elle —
Entourons la Mère en danger !

C'est la Terre nationale
Qui de nos morts est l'immense tombeau ;
Pour garder la Terre natale
Soyons tous prêts à risquer notre peau :
Pour la Terre nationale
Serrons nos rangs sous le même drapeau !

KÉNAVO, BRETAGNE !

KÉNAVO, BRETAGNE [1]!

I

Kénavo! Kénavo, Bretagne!
Ton cœur tiède est trop loin du «front»,
Je pars; les Belges font campagne:
Avec eux ils m'enrôleront.
«Les Bretons ont des cœurs fidèles»
Leur ai-je dit sur tous les tons:
Prouvons, en ces heures cruelles,
La Fidélité des Bretons!

II

Kénavo! Kénavo, ma «douce»;
Que tes pleurs de tes yeux rougis
Roulent, tout doux et sans secousse
Comme au fond de tous nos logis;
Mais que l'âpre Désespérance
N'amollisse jamais ton cœur:
Dieu protège à nouveau la France
Et la France sera Vainqueur!

[1] Adieu, Bretagne !

III

Kénavo ! Kénavo, ma Muse
Reste en Bretagne et, de ce jour,
Jamais, jamais plus ne t'amuse
A rimer de doux vers d'amour.
Un grand « Chant de Geste » commence
Dont tu n'entends qu'un faible écho :
Le Canon couvre la romance !
La lyre a fait place au flingot !

IV

Jusques à la fin de la Guerre
(Ia, vat : bete finn ar Brezel) [1]
Adieu, ma Bretagne si chère !
(Kénavo d'it, ô Breiz-Izel !) [2]
Prépare un laurier de Victoire
A chacun de tes fiers enfants
Pour le jour où, soûlés de Gloire,
Nous te reviendrons, triomphants !

(Rennes, le 16 Août.)

[1] Oui bien : jusqu'à la fin de la Guerre.
[2] Adieu à toi, o Basse-Bretagne !

En Belgique...

SALUT, BELGIQUE !

SALUT, BELGIQUE !

Salut, Bruxelles ! Me voici !
Veux-tu de moi, Belgique aimée ?
Si oui, vite un sabre, un fusil
Et ma place au front de l'armée !

Je t'avais dit l'hiver dernier
Que je te reviendrais peut-être...
C'était au mois de Février :
Août, déjà, me voit reparaître.

Parce que ton cœur tourmenté
Pleure du sang mêlé de larmes,
Moi, qui partageai ta gaieté,
J'accours partager tes alarmes.

Fais de moi ce que tu voudras :
Ma France première servie
Je viens t'offrir mon cœur, mon bras,
Et, s'il te le fallait, ma vie.

A tes fils souvent j'ai chanté :
« Les Bretons ont des cœurs fidèles... »
Du pays de Fidélité
Vois : mes chansons, à tire d'ailes,

S'en viennent, par ce triste soir,
Douces alouettes bretonnes,
Te crier leur joyeux : Espoir
Sous le bec des Aigles teutonnes !

Lorsque le Fourrier de la Mort
Lance ses hordes cannibales,
Tout est bon qui meurtrit et mord :
Les chansons, aussi, sont des balles !

Je périrais d'angoisse au loin :
Laisse-moi rêver ta Victoire
Humblement perdu dans un coin
Ainsi que mon « petit Grégoire ».

Et, là, peut-être — dans le rang —
Viennent des heures triomphales
Graver mon nom de barde errant
Dans tes glorieuses Annales,

En succombant avec fierté
(Si tel est mon Destin tragique),
Pour ma France et ta Liberté
« Sous l'étendard de la Belgique ! »

(Bruxelles, 18 août.)

SUR LA ROUTE DE LOUVAIN

SUR LA ROUTE DE LOUVAIN...

Sur l'air populaire « Sur la route de Louviers ».

I

Sur la route de Louvain *(bis)*
Contre mill' nous étions vingt *(bis)*
   Un' p'tit' laitière *(bis)*
    près d' nous s'en vint *(bis)*
Un' p'tit' laitièr' près d' nous s'en vint
Dans sa p'tit' voiture à chiens !

II

— « Sur vos joues couleur carmin *(bis)*
Un baiser ça f'rait du bien » *(bis)*
   — « Mon amoureux *(bis)*
    n'en saura rien *(bis)*
Mon amoureux n'en saura rien :
S'il le sait dira qu' c'est bien ! »

III

— « Un peu d' lait ça vous soutient *(bis)*
Quand on a grand soif, grand faim » *(bis)*
   — « Prenez-en vite *(bis)*
    et buvez bien : *(bis)*
Prenez-en vite et buvez bien :
Ça vaut mieux qu'un verr' de vin ! »

IV

« Prenez tout ; ne m' laissez rien *(bis)*
Ne m' laissez que mes bons chiens ; *(bis)*
    Ces deux-là sont *(bis)*
    pour les Prussiens *(bis)*
Ces deux-là sont pour les Prussiens :
Quand ils mordent, ils mordent bien ! »

V

Elle a lâché ses bons chiens *(bis)*
Dans l' mitan des rangs prussiens: *(bis)*
    Comme à la chasse *(bis)*
    aux gros lapins *(bis)*
Comme à la chasse aux gros lapins
Ont mordu dans l'arrièr'-train !

VI

Tant mordu jusqu'au matin *(bis)*
Qu'ils sont morts sur le chemin *(bis)*
Empoisonnés *(bis)*
c'est bien certain *(bis)*
Empoisonnés, c'est bien certain,
D'avoir mangé du Prussien !

(Malines, 20 août.)

LES FAUVES

LES FAUVES

(Sonnet composé dans le célèbre Jardin zoologique d'Anvers,
le 21 août 1914.)

Durant qu'en toute la Belgique
Corps, cœurs, maisons, tout est meurtri,
Dans le Jardin Zoologique
Tout est doux, et tiède, et fleuri ;

Le tigre n'a rien de tragique :
Il va, vient, sans pousser un cri ;
Le lion rêve, nostalgique ;
L'ourson danse et la hyène rit ;

Et chez eux parfois je me sauve
De l'homme barbare : le fauve
Semble avoir plus d'humanité ;

Et je trouve injuste, et j'enrage
De voir les carnassiers en cage
Quand Guillaume est en liberté !

AUX SOLDATS BELGES

AUX SOLDATS BELGES

Vaincus, vous ?... qui donc a dit ça
Ce pendant qu'en pleine épopée
Nul et rien encor n'émoussa
Ni votre ardeur, ni votre épée ?

Vous avez fait, oui, lentement,
Un contre mille, une retraite
Devant le sinistre Allemand,
Afin que la France soit prête,

Prête à bondir, prête à venger
Aerschot[1], Louvain, Termonde et Liége ;
Vous avez su la protéger :
A présent, qu'Elle vous protège ?

Jetez-vous dans ses bras ouverts ;
Prenez ses palmes de Victoire
O sublimes enfants couverts
De sang, de poussière et de Gloire !

Savourez vos premiers succès
Qui vous ont conquis à la ronde
L'amour délirant des Français
Et l'admiration du Monde !

Comptez vos Morts... mais n'allez pas
Les pleurer ceux-là que j'envie
D'avoir, par un noble trépas,
Mérité l'éternelle Vie.

Laissez votre Roi tendre et fort
Auprès de sa douce Egérie
Vous préparer l'ultime effort
Qui délivrera la Patrie,

Prouvant jusqu'au bout, conquérants
A l'Ame farouche et stoïque,
Que les « petits Belges » sont grands
Comme les Héros de l'Antique !

[1] Prononcez « Erkott ».

ALLONS, PLUMONS-LA DONC !

A nos fidèles et vaillants Alliés.

ALLONS, PLUMONS-LA DONC !...

Sur l'air populaire « Allons, plumons-la donc, l'allouette tout du long ».

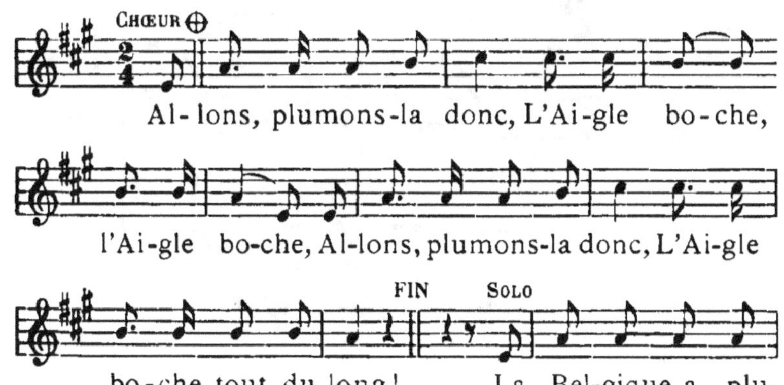

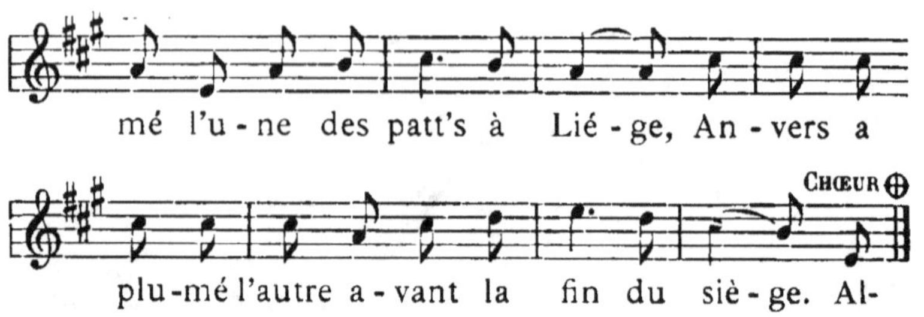

REFRAIN

Allons, plumons-la donc,
L'Aigle «boche», l'Aigle «boche»,
Allons, plumons-la donc,
L'Aigle «boche» tout du long!

I

La Belgique a plumé l'une des patt's, à Liége :
Anvers a plumé l'autre avant la fin du siège !

Allons...

II

L'Angleterre a déjà retenu l'aile droite
Qu'elle plume en détail d'une manière adroite !

Allons...

III

L'aile gauche est à toi, Français, allume ! allume !
S'agit de la plumer, jusqu'au sang, plume à plume !

Allons...

IV

Victorieux, le Russe aura pour récompense,
La joie d' lui plumer l' dos, et la queue, et la panse !

Allons...

V

Nous l'écartèlerons, ensuite, à demi-morte,
Comme l'on cloue, chez nous, les chouett's sur les portes !

Allons...

SOUS L'ÉTENDARD

DE LA BELGIQUE

SOUS L'ÉTENDARD DE LA BELGIQUE

Marche de la jeune armée belge.

Musique de THÉODORE BOTREL [1].

[1] L'accompagnement pour piano est édité par la Lyre Bretonne, 83, Faubourg Saint-Denis, Paris.

Nous sommes la moisson vi - va - ce Que l'a - ve-
REFRAIN
nir en-gran-ge - ra. Sous l'é - ten-dard ché - ri
CHŒUR
SOLO
de la Bel - gi - que, Ser-rant, toujours, les rangs
CHŒUR
cœur con-tre cœur, No - tre jeu - nes - se forte
et pa -ci - fi -que De tout lâche a - gres-seur
SOLO
Se - ra vain-queur. Dans un fa-rouche é - lan
CHŒUR
SOLO
pa - tri - o - ti-que, Tous, fra - ter - nel - le-ment,
CHŒUR
Pe - tits et grands, Sous l'é - ten-dard ché-ri

I

Fils d'une antique et noble race
  Que nul jamais n'asservira
Nous sommes la moisson vivace
  Que l'avenir engrangera.

Refrain.

Sous l'étendard chéri de la Belgique
Serrant toujours les rangs, cœur contre cœur,
Notre Jeunesse forte et pacifique
    De tout lâche agresseur
      Sera vainqueur !
Dans un farouche élan patriotique
Tous, fraternellement, petits et grands,
Sous l'étendard chéri de la Belgique,
      Wallons, Flamands,
      Serrons les rangs !

II

Nous chérissons la Paix féconde
  Au Monde entier tendant les bras
Mais quand, trahi, le lion gronde
  Nous bondissons prêts aux combats...

                    Sous l'étendard...

III

Pour le Pays luttons sans cesse !
   Avec courage, avec fierté
Suivons le Roi de la Jeunesse
   Ayant la Grâce à son côté !

*   Sous l'étendard...*

IV

Que Dieu nous guide et nous soutienne
   Et nous serons victorieux :
N'avons-nous pas la Foi chrétienne ?
   L'exemple aussi de nos Aïeux ?

*   Sous l'étendard...*

V

Jusqu'à nos minutes dernières
   Nous défendrons les Libertés
Que le sang versé par nos Pères
   A fait germer dans nos Cités !

*   Sous l'étendard...*

UN HÉROS BELGE

(LE COMMANDANT GILSON)

UN HÉROS BELGE

Après trois semaines d'un siège
Qui stupéfie l'Univers
Les braves défenseurs de Liége
Ont ordre de gagner Anvers.

Mais la Retraite est rude et lente
Et l'Ennemi, féroce et prompt,
Monte une garde vigilante
Nous traquant de flanc et de front.

La route d'Aerschot [1] occupée
Et tout finit tragiquement
Car c'est la Retraite coupée
Qu'escompte déjà l'Allemand.

[1] Prononcez « Erkott ».

Quoi ! pour toute l'arrière-garde
Est-ce la Mort ? ou la prison ?
Non ! entre nous et la Camarde
Un Héros s'est dressé : Gilson !

Il est là dans une tranchée
Avec cent cinquante soldats,
Compagnie à demi fauchée
Qui combat sur ses morts en tas.

On n'est plus bientôt que quarante
Dans le fond du sombre ravin...
On vise, on tire ! — Plus que trente !
Qu'importe ?... Et l'on n'est plus que vingt !

Vingt grandes âmes orgueilleuses
Seules contre dix escadrons
Sous le feu de dix mitrailleuses
Et de huit pièces de canons !...

Gilson dit : « Fuyez ! Moi, je reste ! »
Mais, tous, ont froncé le sourcil
En esquissant, muets, le geste
D'un serment sur leur bon fusil ;

Et c'est une froide tuerie
De Hulans et d'artificiers ;
Le chef, lui, par coquetterie,
S'est réservé les officiers ;

On n'est plus que douze... Qu'importe !
On tient : on tiendra jusqu'au bout !
Gilson, blessé, tombe : on l'emporte.
Colère, il se remet debout ;

Le nez fauché, la lèvre ouverte
— Terrible à voir — de ses deux bras
Frappant sur sa poitrine offerte,
Il rallie encor ses soldats !

Enfin ! la panique tragique
Evitée, il part, triomphant !...
Horatius Coclès — ô Belgique ! —
N'a pas fait mieux que ton enfant !

* * *

Mais vous allez croire peut-être
Que Gilson dort sur ses lauriers ?
Ah ! mes amis, c'est mal connaître
L'entêtement de nos guerriers !

Désignant son noble visage
Défiguré par le Germain
Et souriant sous son bandage
N'a-t-il pas dit, le lendemain :

« Ils me la paieront, cette entaille :
Je jure — et soyez-en témoins —
Que dès la prochaine bataille
Je m'en vengerai... nez en moins ! »

(Anvers, 22 Août.)

QUATRE ET HUN...

QUATRE ET HUN...

Poincaré, Nicolas, George, Albert... et Guillaume !
Peuples neutralisés par de vains préjugés,
Approchez, cependant qu'un instant la mort chôme,
Contemplez-les ces Quatre et ce Hun... puis, jugez :

* * *

Poincaré, souriant, claironne l'Espérance
En fixant l'Avenir de ses yeux azurés :
C'est le coq, l'alouette et le pioupiou de France :
Tête haute, pied leste et petits poings carrés.

Le doux Libérateur de la Pologne esclave,
Nicolas, de son Peuple est le Pape-Empereur :
Blanc sur le steppe blanc c'est le grand Aigle slave
Planeur, contemplatif... terrible en sa fureur !

George V entouré des brumes du mystère
Prépare, l'œil mi-clos, son formidable élan,
C'est le fin léopard du blason d'Angleterre :
Farouche et résolu, mystérieux et lent.

Albert, face au danger, fier comme un Alexandre,
Marche au milieu des siens le laurier d'or au front ;
C'est le Roi-Chevalier ; c'est le lion de Flandre :
Loyal, fidéle et sûr, souple, nerveux et prompt !

Guillaume !... A ce nom sombre un frisson mortel passe !
Il se dit l'envoyé d'un cruel Jéhovah :
Noir sur l'horizon rouge il est le grand rapace
Fruit d'un œuf de vautour qu'un aigle noir couva.

* * *

Sur le bon Droit meurtri pour mettre votre baume
Qu'attendez-vous encor, Peuples neutralisés ?
Poincaré, Nicolas, George, Albert... et Guillaume,
Allons ! entre ces Quatre et ce Hun, choisissez !

ROYAUME DE BELGIQUE
Ministère de la Guerre
CABINET CIVIL DU MINISTRE

Cher Monsieur Botrel,

Je suis au regret de ne pouvoir agréer l'offre que vous me faites, avec une générosité qui me touche, de servir dans l'armée belge. Nous ne pouvons accepter que les engagements de Belges, et cette règle nous a obligés de refuser le concours d'amis anglais et français que nous aurions été heureux d'accepter.

Vous retournerez donc en France, mais vous ne partirez pas tout à fait. Dans nos villes comme dans nos campagnes on connaît et on aime votre Chanson et je suis sûr, que le long de nos colonnes, il y a plus d'un soldat qui trompe la fatigue en faisant résonner vos mélodieux appels à l'héroïsme, au devoir et au sacrifice.

Nous avons, nous aussi, nos « Petit Grégoire » et le barde breton dont la Chanson exalte et console, pourra, même de très loin, se dire qu'il sert noblement ses amis les Belges dans la lutte gigantesque qu'ils livrent avec leurs alliés à la puissance allemande.

J'espère, cher Monsieur Botrel, que nous nous reverrons en des temps meilleurs, et je vous prie de croire à mes sentiments de cordiale amitié.

Le Ministre de la Guerre,
Signé : DE BROQUEVILLE.

(Anvers, le 22 août 1914.)

En Lorraine...
En Champagne...

RÉPUBLIQUE   FRANÇAISE
Ministère de la Guerre
CABINET DU MINISTRE

———

Paris, le 30 août 1914.

M. Théodore Botrel est autorisé à se rendre dans **tous** les Dépôts, Camps et Hôpitaux pour y dire et chanter ses poèmes patriotiques.

Toutes les autorités militaires sont priées de lui réserver bon accueil et de lui faciliter l'accomplissement de sa mission.

Il est autorisé à prendre **tous** les trains.

Pour M. Millerand, Ministre, et par son ordre,

Le lieutenant-Colonel s. Chef du Cabinet,

Signé: DUVAL.

LE BULLETIN DES ARMÉES

LE « BULLETIN DES ARMÉES »

Notre Bulletin de la Guerre
Est pour ceux-là qui sont au front ;
Oui, les gardiens de la frontière
Ceux-là, tout seuls, le recevront.
Quand le liront ceux de l'arrière ?
Bientôt ! qu'ils « espèrent » un peu :
Notre Bulletin de la Guerre
N'est qu'aux guerriers qui sont au feu.

Notre Bulletin de Bataille,
Ses pages ouvertes au vent,
A nos héros sous la mitraille
Va crier : « Courage ! En avant ! »

Il ne se lit, vaille que vaille,
Qu'entre deux appels de clairon :
Le Bulletin de la Bataille
Est pour ceux qui la gagneront !

Notre Bulletin de Victoire
Ne coûte rien... et coûte tant
Qu'un froussard claquant la mâchoire
Ne le pourrait payer comptant.
Il est sans prix... comme la Gloire
Et l'abonné reconnaissant
Nous le paye, un soir de Victoire,
D'un brin de laurier teint de sang !

Paris (Ministère de la Guerre), 26 août.

LES LAURIERS VONT FLEURIR

LES LAURIERS VONT FLEURIR !...

Sur l'air populaire « Auprès de ma blonde... ».

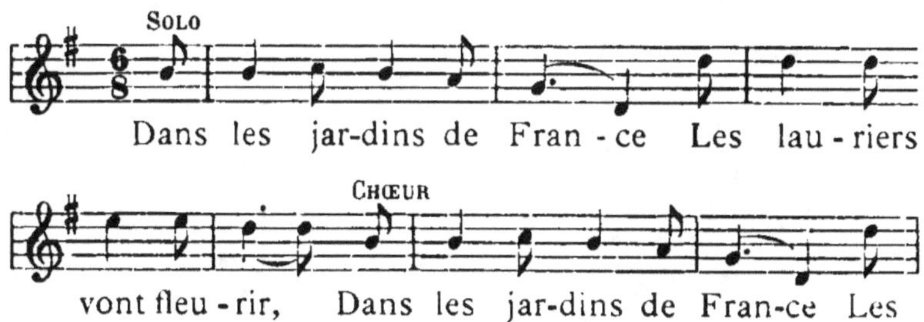

Dans les jardins de France ⟩
Les lauriers vont fleurir : ⟩ *bis*
Deux vautours qui s'avancent
Voudraient y faire leurs nids...

Refrain,

Pour sauver la France
Qu'il fait bon, fait bon, fait bon,
Pour sauver la France
Qu'il fait bon souffrir.

Y a le vautour d'Autriche
Et le Prusco maudit ;
Mais cinq chasseurs s'en fichent
Qui-z-ont leurs bons fusils...

au Refrain.

Les chasseurs d'Angleterre
De France et de Serbie,
Le p'tit Belge en colère
Et l'Cosaque de Russie,

       au Refrain.

Prêts à lutter, farouches,
Et tous les cinq unis,
Jusqu'aux dernièr's cartouches,
Jusqu'au dernier soupir :

      Dernier Refrain.

Pour venger la France
Qu'il f'rait bon, f'rait bon, f'rait bon,
Pour venger la France
Qu'il f'rait bon mourir !

VOILA LES « KAKIS ! »

A nos Alliés, les Anglais.

VOILA LES « KAKIS »

(Chanson improvisée à la Ferté-Milon, le 1ᵉʳ septembre, pendant que
défilaient les troupes anglaises.)

Sur l'air de la « Polka des Anglais ». [1]

I

Dès l'premier jour de guerre
La loyale Angleterre
Envoyait aux combats
Ses plus vaillants soldats

[1] En vente Maison Ister Beausier, éditeur de musique, rue Lafayette,
et chez M. Ondet, 83, faub. St-Denis.

Conduits par French-le-brave,
Toujours correct et grave,
Ah ! qu'ils ont donc bon air
Les guerriers d'Kitchener !

Refrain.

Voilà les « Kakis »
Qui nous ont conquis
Tant ils sont exquis
(*Aoh ! yès ! Very Well !*)
Lorsque, bravement,
Flegmatiquement,
Ils cogn'nt sur l'All'mand :
Aoh ! yès ! Very Well !

II

Froid'ment, comm' sans fatigue,
Sur un petit air de gigue
Ils font sauter en l'air
Les soldats du Kaiser ;
Et pour rythmer la danse,
Les grands pibroks s'avancent
Qui sont, chacun le sait,
Les binious écossais :

Refrain.

L'Higlander accourt
A notre secours
En p'tit jupon court
(*Aoh ! yès ! Very Well !*)

Il a, c'est connu,
L' jarret bien tendu :
Ça s'voit à l'œil nu !
Aoh ! yès ! Very Well !

III

Tant et plus qu'on en d'mande
Après les gâs d'Irlande
S'amèn'nt les Canadiens
Qui sont nos petits-cousins ;
En vient d'Alexandrie,
De l'Inde et d'l'Australie :
S'il nous en faut toujours
En viendra d'chez les « Bours » !

Refrain.

Ajoutez qu'trois cents
Cuirassés géants
Gard'nt nos Océans
(*Aoh ! yès ! Very Well !*)
Et croyez, têtus,
Qu'l'Allemagne est battue :
L'Kaiser est f...ichu
Aoh ! yès ! Very Well !

FAMEUX LAPINS !

FAMEUX LAPINS !

Ah ! ce sont de fameux lapins
Que les soldats de l'Allemagne !
Non, depuis ceux de Charlemagne,
On n'avait pas vu plus rupins !
Nez ridés, qui toujours tremblottent,
Tels qu'Hansi nous les a dépeints,
Ah ! ce sont de fameux lapins :
     Comme ils dégottent !

Et ce sont des lapins fierrots :
Avec un petit air bravache
Ils dressent leur rêche moustache,
S'efforçant de la mettre en crocs ;

Quand du derrière ils tortillonnent,
Ils riboulent des yeux poupins ;
Ah ! ce sont de fameux lapins :
　　Comme ils plastronnent !

Et ce sont des lapins gourmets :
Dans leurs gros ventres en futailles,
Chaque jour, que de victuailles
Viennent s'engouffrer pour jamais !
Aussi, faut voir ce qu'ils bedonnent,
Ce qu'ils sont lourdauds et clampins !
Ah ! ce sont de fameux lapins :
　　Comme ils entonnent !

Et ce sont des lapins de choux
Aux performances magnifiques ;
Vrai, de leurs vertus prolifiques
Nous avons droit d'être jaloux.
Leurs Gretchens se démantibulent
A leur couver des galopins...
Ah ! ce sont de fameux lapins :
    Comme ils pullulent !

Ce sont des lapins courageux
Qui, fièrement, vont en maraude ;
Mais, si l'affaire devient chaude,
Ils préfèrent rentrer chez eux.
Dans leurs trous nos cris les atterrent ;
Rien n'en fait sortir, ces taupins...
Ah ! ce sont de fameux lapins :
    Comme ils se terrent !

Ce sont des lapins gras à point
Bons à mettre à la casserole :
Voici trop longtemps, ma parole,
Qu'ils nous narguent... toujours de loin ;
Contre eux de l'Alsace à la Flandre,
Français, Belge, Anglais sont copains :
« La chasse est ouverte : aux lapins !!! »
    Ce qu'ils vont prendre !!!

LE PAIMPOLAIS

LE PAIMPOLAIS

Sur l'air de « La Paimpolaise ». [1]

Allegretto.

[1] La musique d'accompagnement est éditée par M. G. Ondet, 83, Faubourg Saint-Denis, Paris.

I

Pour repousser l'Aigle allemande
Quand le Breton se fait soldat,
Quittant ses genêts et sa lande,
Il va gaiement droit au combat ;
    Et le brave gâs
    Fredonne tout bas :
« J'aime Paimpol et sa falaise,
Son église et son fin clocher,
J'aime encor mieux ma Paimpolaise,
Plus encor ma France en danger ! »

II

Le petit Breton, sans murmure,
Met la baïonnette au flingot,
Puis, embusqué sous la ramure,
Il commenc' la chasse au Pruscot...
    Et le brave gâs
    Fredonne tout bas :
« Je serais bien mieux à mon aise
Dans le nid où j'allais nicher,
Mais c'est défendr' ma Paimpolaise
Que défendr' la France en danger ! »

III

Mais le flot prussien toujours monte
Cyniquement lâche et cruel,
Et lorsque le soir on se compte
Bien des noms manquent à l'appel...
     Et le brave gâs
     Fredonne tout bas :
« Pour grossir la Flotte française
Puisqu'il faut plus d'un moussaillon,
J'épouserai ma Paimpolaise
En rentrant au pays breton ! »

IV

Puis, lorsque la mort le désigne
L'appelant de sa rude voix,
Le petit Breton se résigne
En faisant un signe de croix ;
     Et le brave gâs
     Quand vient le trépas,
Serrant la médaille qu'il baise,
Agonise au creux d'un sillon
En songeant à la Paimpolaise
Qui l'attend au pays breton !

LE SANG DES BLESSÉS

LE SANG DES BLESSÉS

Blessés, mes frères, mes enfants,
Je voudrais vous dire des choses
Comme on en dit aux triomphants
Par les grands soirs d'apothéoses ;

Je voudrais pleurer doucement
Sur votre chair endolorie,
Etancher le sang noblement
Versé pour la Mère-Patrie ;

Et, de me sentir impuissant
A soulager un peu vos peines,
Je m'épuise... de tout ce sang
Qui coule de vos jeunes veines ;

Et, moi, votre chantre, il me faut
Vous jalouser en ma nuit noire,
O vous qui rayonnez, là-haut,
Sur le seuil du Temple de Gloire !

O vous dont les siècles diront
Que, narguant fatigue et souffrance,
Vous avez, en couvrant son « front »,
Sauvé le cœur de votre France !

O vous dont nos petit-neveux,
Se sentant comme d'orgueil ivres,
Apprendront les noms glorieux
En les épelant dans des livres !

O vous qui venez de verser
— Victimes propitiatoires —
Le Sang qui, seul, doit arroser
Les palmes des justes Victoires,

Ce sang qu'il *faut* pour le salut
Des Peuples sur qui la Mort plane...
Tout comme, autrefois, il *fallut*
Celui d'un Christ et d'une Jeanne !

(Ambulances de Nancy, 4 Septembre.)

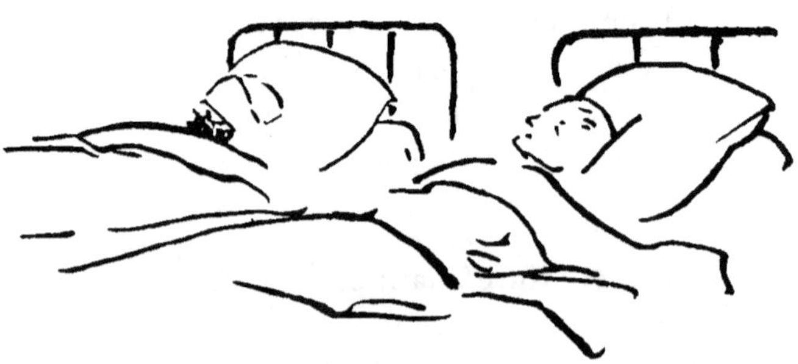

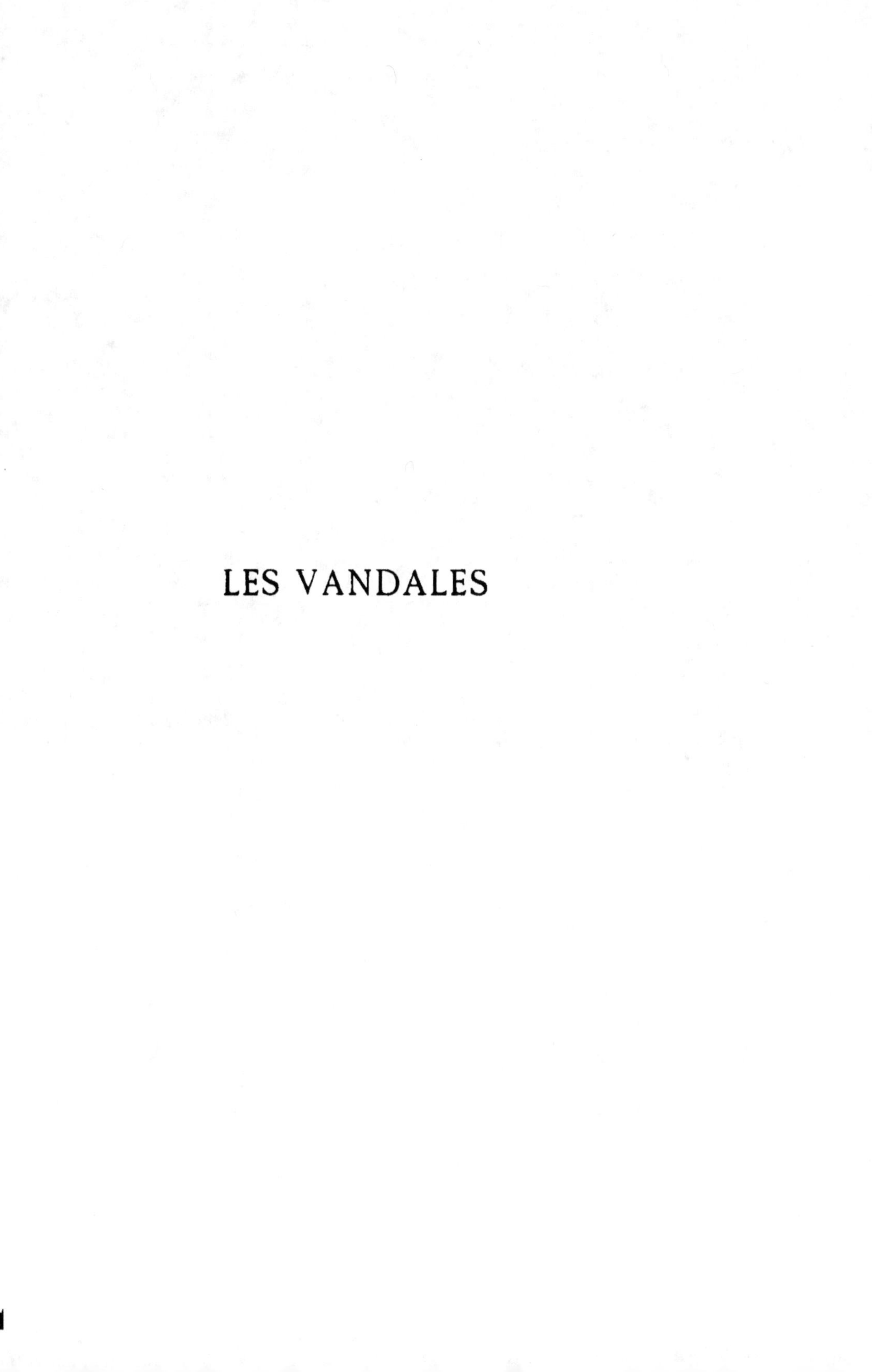

LES VANDALES

LES VANDALES

A Louvain.

Avec méthode et patience,
En brûlant l'Université,
Qui fut — Belgique ! — ta fierté,
Ils ont cru vaincre la Science !...
De tes livres, nul ne subsiste,
Mais qu'importe, va, c'est en vain
Qu'ils s'acharnèrent sur Louvain :
La Science acquise persiste !

A Reims.

Ils ont brûlé la Cathédrale
De nos vieux Saints et de nos Rois,
Croyant supprimer à la fois,
Vingt siècles de Gloire ancestrale.
Mais que flambe, et s'écroule, et meure
Le Reliquaire des Aïeux...
Qu'importe, ô Reims ! plus furieux,
Notre farouche Orgueil demeure !

A Sampigny.

Ils ont bombardé le cottage
Du trop bon Lorrain Poincaré...
De le savoir tant exécré,
Nous l'en chérissons davantage !
Et puis, qu'importe ! Après la Guerre,
Tous les nids seront reconstruits :
Debout sur les foyers détruits,
L'Ame familiale « espère » !

LA KAISÉRIOLE

LA KAISÉRIOLE

Sur l'air de « La Carmagnole ».

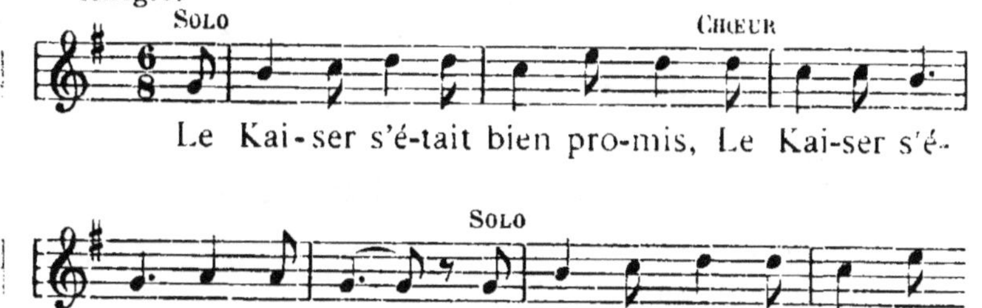

Le Kaiser s'était bien promis
D'être en sept, huit jours à Paris ; } *bis*
Mais il ne l'a pas pu
Grâce au Belge têtu !

Refrain.

Chantons la Kaisériole,
Vive le son, vive le son ;
Chantons la Kaisériole,
Vive le son du canon !

bis

Devait traverser, l'orgueilleux,
La Belgique en un jour ou deux ;
    Mais il en a mis vingt
    Pour prend' Liége et Louvain.

> *Chantons...*

Il devait faire prisonnier,
Dans Bruxell's même, Albert premier,
    Et voilà que son fils
    N'a pris que l'Mann-ken-pis !

> *Chantons...*

Il va massacrant et brûlant,
Volant, pillant et violant :
    Attila dans son temps
    N'en a pas fait autant !

> *Chantons...*

Il est descendu quinze jours :
Nous l'descendrons à notre tour !
    Quand on le descendra,
    Mein Gott ! qu'est-ce qu'il prendra !

> *Chantons...*

Chez lui ça sent déjà l'roussi,
Car le Cosaq' descend aussi :
  Nous allons le hacher
  Comme chair à pâté !

              Chantons...

Grondez, tambours ! Hurlez, clairons :
Nous les aurons ! nous les vaincrons !
  La Justice en chemin
  Nous vengera demain !

              Chantons...

(Châlons, le 2 septembre.)

LES GOTHS

LES GOTHS

Je viens d'explorer en Champagne
Châteaux et maisons de campagne
D'où l'état-major allemand
Vient de déguerpir lestement.

Quels stupides cambriolages !
Quels gâchis bêtes ! quels pillages
De la cave jusqu'au grenier !
Pis que Bonnot, pis que Garnier !

154

Sur chaque mur (car la muraille
Est le papier de la canaille)
Ils nous insultent, doublement
Nous insultant en allemand !

Ils traitent les vases de Sèvres,
Les vases du Japon, si mièvres,
Les vases de Rouen, les biscuits
Comme s'ils étaient tous... de Nuits ;

Bien que surpris à l'improviste
Nous les pourrions suivre à la piste :
Levons les pieds ! Pouah ! quelle odeur !
Enfin !!! *cela* porte bonheur !

Et *cela* soudain me rappelle
La boutade spirituelle,
— Fleurant, meilleur, l'ancienne Cour —
De la marquise de Biencourt :

A ses hôtes d'une semaine
Montrant le sac de son domaine,
Elle dit — jupon haut troussé
Et le nez gentiment pincé — :

« La France a subi les ravages,
Messieurs, de trois hordes sauvages,
Goths, Ostrogoths et Visigoths :
Il lui manquait les Saligoths ! »

(Vitry-le-François, 14 septembre.)

A BRIENNE

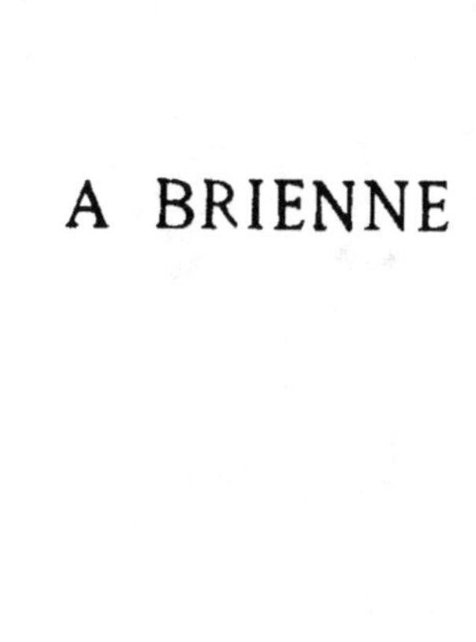

A BRIENNE

(Sonnet rimé le 12 semptembre durant que le canon tonnait sur
Sompuis, Sommesous, Courdemange, Les Rivières, Huiron, entre
Vitry-le-François et Brienne.)

En mil huit cent quatorze, ici — nul ne l'ignore —
Napoléon, soudain, entrevit son Destin :
Où l'écolier frémit d'ivresse à son aurore
L'Empereur frissonna d'angoisse à son déclin.

Brienne ! es-tu donc là comme un écho sonore
Pour nous rendre le bruit du Désastre en chemin,
Prédire à l'orgueilleux qui veut monter encore
Que le Malheur, vers lui, rampe comme un félin ?

Car voici que cent ans sonnés d'hier à peine,
Penché lugubrement sur ton immense plaine,
Écoutant de la Mort le funèbre galop,

Un pâle imitateur de ton élève Corse
S'écrie en frissonnant malgré sa rude écorce :
« Où vais-je ? »
       Et tu réponds, sinistre :
                 « A Waterloo ! »
(Brienne, le 12 septembre.)

CHEZ JEHANNE

CHEZ JEHANNE,

A DOMRÉMY

Quand, « dans le royaume de France,
Il y a vraiment grand'pitié » ;
Lorsque le Doute et l'Espérance
Partagent nos cœurs par moitié ;

A l'heure où tout le long des routes
Tant et tant d'émigrés dolents,
Courbés sous le vent des déroutes,
Vont, fuyant devant les Hulans ;

Afin de retremper mon âme,
Reforger mon cœur et ma foi,
O Jeanne ! à ta divine flamme,
Vois : je m'en suis venu vers toi.

Au loin — sur Bar — le canon tonne ;
Dans son jardinet tout en fleurs
Ta petite maison s'étonne ;
Ses murailles suintent des pleurs ;

Or, par ce matin de septembre,
Entré chez toi tout soucieux,
Voici que je sors de *ta* chambre
Le front clair et le cœur joyeux.

C'est que — guidé par toi peut-être, —
Comme d'instinct, sans y songer,
J'ai couru jusqu'à *ta* fenêtre
Donnant sur *ton* petit verger,

Et que soudainement — si proches ! —
Trois cloches sonnant à la fois,
Se mêlèrent au chant des cloches
Des voix, Jeanne, des voix : *tes* Voix ;

Voix de *tes* saintes, douces, fortes,
Planant toujours sur Domrémy,
Chères Voix que l'on croyait mortes,
Quand leur son n'était qu'endormi ;

Voici que, soudain, réveillées
Par le bruit double de l'airain,
(Canonnade et carillonnées),
Par-dessus le pays lorrain,

A la « doulce France » envahie,
Elles criaient : « *Sursum Corda !*
Va, va toujours ! Même meurtrie,
Va, bataille le bon Combat !

» La Victoire n'est pas prochaine :
Il faut lutter, souffrir encor...
Qu'importe ! puisqu'elle est certaine,
Au ciel inscrite en lettres d'or ;

» Courage ! le grand jour se lève,
Car Dieu le veut qui veille là :
Dieu de Jeanne et de Geneviève
Et non pas celui d'Attila ! »

*   *
    *

Puis, les douces Voix entendues
Moururent avec l'Angélus ;
Les Voix des Saintes s'étaient tues,
Mes sens ne les percevaient plus

Que mon cœur entendait encore
Avec la foi des vieux Croisés
L'annonce de la grande Aurore
Promise à nos cœurs angoissés.

Alors, baisant avec tendresse
Ses quatre dalles de granit,
Fou d'espoir, ivre d'allégresse,
Je repassai le seuil béni :

« Merci, Jeanne ! Adieu, bonnes Saintes !
A Domrémy nous reviendrons
L'an prochain, les haines éteintes
Et bouté dehors l'Ennemi ! »

En Alsace...

LA CHANSON DE L'ALSACE

> « Après quarante-quatre années de
> « Kultur » boche, l'Alsace est-elle
> « encore française ? »
>
> *(Les Journaux.)*

LA CHANSON DE L'ALSACE

Musique de **THÉODORE BOTREL** [1].

Allegretto assai.

poco adagio

[1] En vente, avec accompagnement de piano, à la Lyre Bretonne,
83, Faubourg Saint-Denis, Paris.

jours, Les sa-pins d'Al - sa - ce Par-lent à voix

entre les couplets
bas-se En fran-çais tou - jours, tou-jours !

pour finir
- jours, tou - jours !

vive
la France

I

Quand nous franchîmes la frontière
Pour reconquérir le pays
Où, depuis la guerre dernière,
Tant d'exilés sont endormis,
Sur un ton nostalgique et tendre,
Dans le vent, les sapins chantaient ;
Nous fûmes surpris de comprendre
Ce qu'entre eux ils se chuchotaient :
> Des Vosges fidèles,
> Sombres sentinelles,
> Comme aux anciens jours,
> Les sapins d'Alsace
> Parlent à voix basse,
> En français toujours,
>> Toujours !

II

Le lendemain, — c'était dimanche, —
D'un talon sonore et joyeux,
Nous martelions la route blanche
Qui descend jusqu'à Montreux-Vieux ;
Les cloches du petit village
Carillonnaient à l'unisson...
Et nous comprenions leur langage :
Et leur prière et leur chanson :
> Des vertus chrétiennes,
> Ferventes gardiennes,
> Comme aux anciens jours,
> Les cloches d'Alsace
> Sonnent dans l'espace,
> En français toujours,
>> Toujours !

III

C'est à qui, la journée entière,
Nous fêta dans le vieux hameau,
Et, dédaignant la lourde bière,
Nous régala de vin nouveau...
Et le vin montant à la tête
Ainsi que « l'eau du cœur » aux yeux,
Chacun nous dit sa chansonnette,
Dans le vieux parler des Aïeux !
    Oui, quand il faut boire,
    O France ! à ta gloire,
    Comme aux anciens jours,
    Le vin blanc d'Alsace
    Fait chanter la Race
    En français toujours,
        Toujours !

IV

En rouvrant l'école publique
Aux petits Alsaciens ravis
On dicta cette phrase unique :
« La douce France est mon Pays. »
Et tous les écoliers de dire
A leur nouvel instituteur :
« Sans faute nous saurons l'écrire,
Cette phrase, on la sait... *par cœur !* »
    Ah ! vive l'aurore
    Qui nous rit encore
    Comme aux anciens jours :
    Fidèle et tenace
    Le Peuple d'Alsace
    Est Français toujours,
        Toujours !

(Dannemarie, le 8 octobre.)

LE LION DE BELFORT

Au général Thévenet,
Gouverneur de Belfort.

LE LION DE BELFORT

Sur l'air de « Meunier, tu dors... ».

Vieux lion de Belfort
Lève-toi, bondis, vite !
Vieux lion de Belfort
Rugis clair... rugis fort !

Lève-toi, lève-toi bien vite
Dresse-toi, dresse-toi d'un bond :
Des chacals la horde maudite
Vient, là-bas, dans le bois profond

Vieux lion...

Ils ont pris et repris Mulhouse
La perdront, la perdront encor ;
Colmar veille et Strasbourg jalouse
Se prépare à l'ultime effort.

Vieux lion...

Dresse-toi, secoue ta crinière
A l'écho, lance tes longs cris :
Les chacals sur notre frontière
Lèveront leurs museaux surpris.

Vieux lion...

Jette un cri de noble vaillance :
Les chacals s'enfuient vers le Rhin ;
Un deuxième : ils sont à Mayence ;
Un troisième : ils sont à Berlin !

Vieux lion...

Quarante ans, tu restas garde
Accroupi mais flairant le vent :
L'heure approche — écoute et regarde —
De bondir, debout, en avant !

Vieux lion...

Puis, demain, quand la horde noire
Aura fui dans le soir vermeil,
Tu pourras, rayonnant de gloire,
Vieux soldat, céder au sommeil !

Mais, vieux lion de Belfort,
Aujourd'hui bondis vite,
Grand lion de Belfort
Rugis clair... rugis fort !

(Belfort, 4 octobre 1914.)

LE PETIT FUSIL DE BOIS

LE PETIT FUSIL DE BOIS

Romagny!... Le beau village
Par ce jour ensoleillé !
Mais, nul n'y rit au passage :
Il a l'air tout endeuillé !

Il l'est, en effet, d'un crime
Hélas ! des plus révoltants
Puisque la douce victime
N'avait pas encor sept ans.

Tout au début de la Guerre
Un gai petit Alsacien
Debout au seuil de sa mère
Tenait un fusil, le sien :

Un flingot bien à la taille
De ses deux tout petits poings,
Terrible engin de bataille
De vingt sous, peut-être moins.

Soudain, voici que débouche
L'avant-garde d'Attila
Brandissant, déjà farouche,
Des « Mausers » — des vrais, ceux-là ! —

Et la chose énerve et vexe
Ce petit-fils des Gaulois :
Par un mouvement réflexe,
Levant son fusil de bois

Il l'épaule — ô crime horrible
Dont la Victoire dépend ! —
Il vise, imitant — terrible! —
Les coups de feu : pan, pan, pan !

A ce geste du bon môme
(Poulbot revu par Hansi)
Un des soldats de Guillaume
Répond à coups de fusil !

Il tombe, le pauvre gosse ;
Il appelle sa maman ;
On l'achève à coups de crosse :
« Gloire au Kaiser allemand ! »

« Hoch ! Gott mit uns ! Gloire ! gloire ! »
Wolff annoncera demain
Cette première Victoire
Du vaillant Peuple germain !

* * *

Moi, j'ai conté ton histoire,
Enfant-martyr, doux héros,
Pour que l'on garde mémoire
Du crime de tes bourreaux ;

Et, si ton corps, petit brave,
Peut se retrouver encor
Je demande que l'on grave
Sur ta tombe, en lettres d'or :

« Ci-gît l'enfant qui, naguère,
Mit l'Allemagne aux abois
En partant, contre Elle, en guerre
Avec un fusil de bois ! »

(Romagny, 9 octobre 1914.)

Note de l'Editeur :
Le préfet du Territoire a écrit à l'auteur, après lecture de cette poésie : « Je réaliserai votre rêve, cher poète et ami : Après la Victoire, le petit gars de Romagny aura sur sa tombe l'épitaphe de Botrel. »

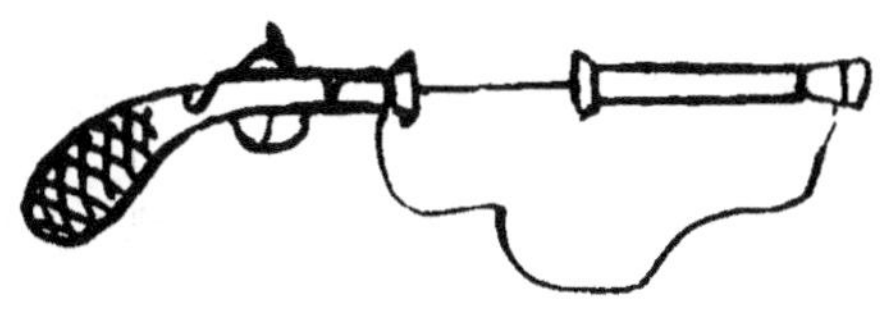

CHANTONS L'ARTILLERIE !

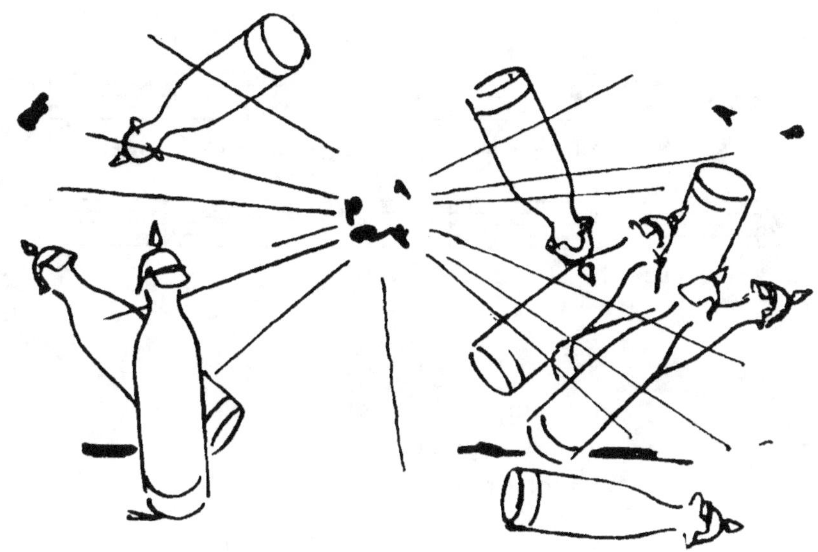

CHANTONS L'ARTILLERIE !

Sur l'air de « La belle Françoise » et de « La belle Corvette » [1].

Allegretto.

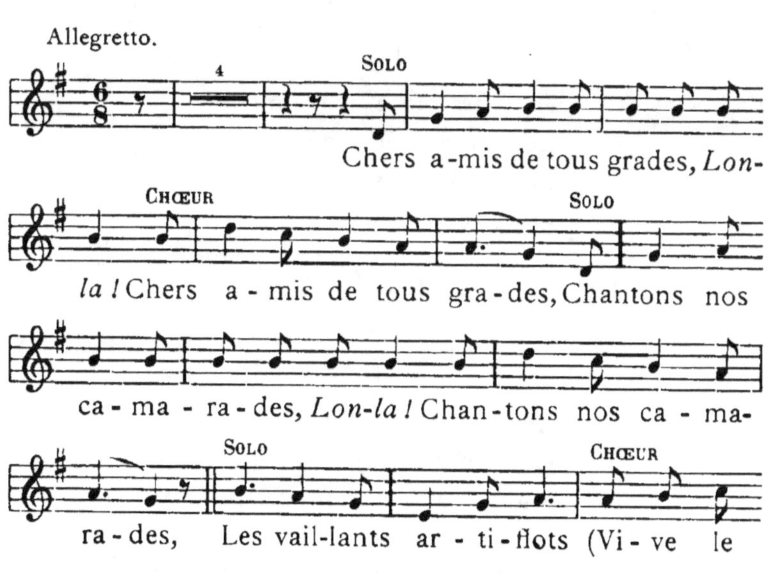

[1] La musique d'accompagnement se trouve chez M. Ondet, éditeur, 83, Faubourg Saint-Denis.

I

Chers amis de tous grades, lonla,
Chers amis de tous grades,
Chantons nos camarades, lonla,
Chantons nos camarades
Les vaillants artiflots.
(Vive le « Soixant'-Quinze »!)
La terreur des pruscots
Vive le « Rimailho » !

II

De leurs pièce, ils rafolent,
Les servent, les cajolent ;
Pour elles, ces héros,
(Vive le « 75 » !)
Donneraient tous leur peau,
(Vive le « Rimailho » !)

III

C'est qu'elles sont fringuettes!
Quelles fines margoulettes,
Auprès des gros museaux
(Vive le « 75 » !)
Baveurs de crapouillauds !
(Vive le « Rimailho » !)

IV

Aussitôt que commence
Leur petite romance,
Ah ! le joli duo
(Vive le « 75 » !
Que répète l'écho !
(Vive le « Rimailho » !)

V

L'une a la voix limpide.
L'autre a le creux solide,
L'une est le soprano,
(Vive le « 75 » !)
L'autre est le contralto
(Vive le « Rimailho » !

VI

Pas un' batt'rie, un' seule,
Résiste à leur coup d' gueule :
Les Boch's et leurs chevaux,
(Vive le « 75 » !)
Tout danse le Tango !
(Vive le « Rimailho » !)

VII

En face, à droite, à gauche,
On arrose et l'on fauche...
Quand au bas du coteau,
(Vive le « 75 » !)
On crie : merci là-haut !
(Vive le « Rimailho » !)

VIII

Ce sont nos autres braves :
Lignards, chasseurs et zouaves,
Qui s'en vont à l'assaut,
(Vive le « 75 » !)
Baïonnette au flingot,
(Vive le « Rimailho » !

IX

C'est la « charge » héroïque
Achevant la panique...
« Poussons ferme, il le faut
(Vive le « 75 » !)
« Pour l'honneur du Drapeau ! »
(Vive le « Rimailho » !)

X

Enfin ! c'est la Victoire !
« Mignonn's, assez de gloire,
Jusqu'à demain repos !
(Vive le « 75 »)
Faites un bon dodo ! »
(Vive le « Rimailho » !)

XI

— « Que dit d'nous l'Infant'rie ?
— « Ell' dit : Vive l'Artill'rie !
— « Qu'en disent Joffre et Pau ?
— « Vive le « 75 » !
— « Et que dit Castelnau ?
— « Vive le « Rimailho » ! »

PRIÈRE AU « JEUNE BON DIEU »

PRIÈRE AU « JEUNE BON DIEU »

Jeune bon Dieu qui, dans la Crèche,
Rajeunis ton Eternité,
Toi, dont la tendre Loi ne prêche
Que l'Amour et la Charité,

Doux Roi du plus doux des Royaumes,
C'est Toi que nous invoquerons
Et non les vieux dieux des Guillaumes,
Des Attilas et des Nérons :

* * *

« Jeune Dieu rayonnant de Gloire
Aux yeux clairs jamais courroucés,
D'un Geste accorde la Victoire
Aux descendants de tes Croisés ;

Cette Victoire — très prochaine —
Nous la demandons par Clovis,
Par Jeanne la bonne Lorraine,
Par Bayard et par Saint Louis ;

De Toi, fils de la Vierge pure,
Nous l'implorons par la douleur
De nos vierges que la Luxure
Traque et viole sans pudeur ;

Nous l'exigeons de Toi, le Tendre
Qui fus l'ami des tout petits,
Par les cris que tu dois entendre
D'enfants meurtris par des bandits ;

Tous nos chers blessés en détresse
Te la réclament à genoux
A Toi dont le gibet se dresse,
Croix rouge, entre le ciel et nous ;

Nous l'implorons de Toi, le Juste
Mort pour expier nos péchés,
Par nos fils au trépas auguste
Sur leur calvaire, aussi, couchés !

Par les pleurs de millions d'êtres :
Epouses, vieillards endeuillés ;
Par les massacres de tes prêtres ;
Par tes Sanctuaires souillés ;

Par Louvain, par Senlis croûlantes
Et par Reims qui, près de mourir,
Tend vers Toi ses tours suppliantes
Comme les moignons d'un martyr ;

Par notre farouche Endurance ;
Par nos otages en exil,
Jeune bon Dieu, rends à la France
Justice et Gloire !...
Ainsi soit-il. »

C'EST LA JEUNESSE !

C'EST LA JEUNESSE !

Stances à la Jeunesse française.

Musique de **THÉODORE BOTREL**[1].

Andantino.

[1] La musique d'accompagnement est éditée à la Lyre Bretonne, 83, Faubourg Saint-Denis, Paris.

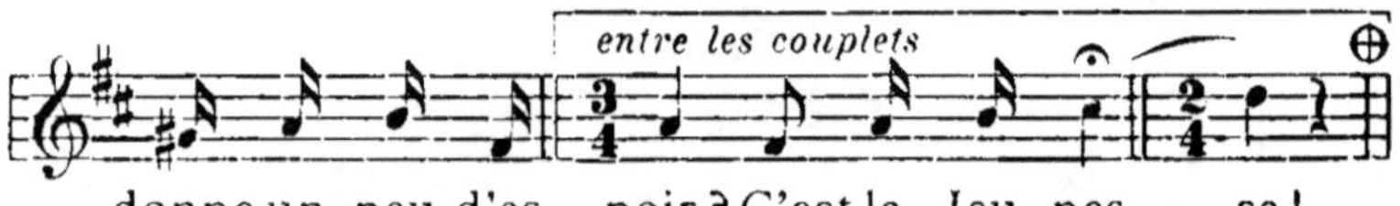

I

Qui donc remplit de ses chansons
Nos champs, nos bois et nos maisons ?
C'est la Jeunesse !
Qui donc éclaire notre ciel
Comme un chaud rayon de soleil ?
C'est la Jeunesse !
Qui réconforte et rend plus gais
Nos cœurs aigris ou fatigués ?
C'est la Jeunesse !
Quand l'avenir nous semble noir,
Qui nous redonne un peu d'Espoir ?
C'est la Jeunesse !

II

Quand nos cheveux deviendront blancs,
Qui soutiendra nos pas tremblants ?
    C'est la Jeunesse !
Plus tard, qui fermera nos yeux
D'un doux geste dévotieux ?
    C'est la Jeunesse !
Qui donc nous ensevelira
Et — quelques jours — nous pleurera ?
    C'est la Jeunesse !
Lorsque nous serons au tombeau
Qui ramassera le Flambeau ?
    C'est la Jeunesse !

III

Alors, nos Rêves les plus doux,
Qui les rêvera comme nous ?
    C'est la Jeunesse !
Qui rêvera Fraternité,
Justice, Amour et Liberté ?
    C'est la Jeunesse !
Qui donc, instruite à nos malheurs
Profitera de nos labeurs ?
    C'est la Jeunesse !
Le blé semé par notre main
Qui le récoltera, Demain ?
    C'est la Jeunesse !

IV

Après nous qui veillera, mieux,
Sur l'héritage des Aïeux ?
    C'est la Jeunesse !

Qui rêvera de l'agrandir,
Prête à lutter, prête à souffrir ?
C'est la Jeunesse !
Qui donc, pour être un jour vainqueur,
Se fait des muscles et du cœur ?
C'est la Jeunesse !
O France ! qui te gardera
Et qui — Demain — te vengera ?
C'est la Jeunesse !

« ROSALIE »

A l'Infanterie française et, particulièrement, aux camarades de mon Régiment, le 41ᵐᵉ, de Rennes.

« ROSALIE »

C'est la baïonnette.

D'où lui vient ce nom ? Je ne sais pas. De père inconnu.

Avec un éclat de rire, il a dû naître au soleil dans la bouche d'un caporal qui sifflait, en train d'astiquer « l'enfant ». Aussitôt, comme un amadou battu par la pierre à fusil, il a pris feu, il a brillé, brûlé... sur toute la ligne... Rosalie !... On n'est pas bête. On avait compris. On avait deviné du premier coup, sans demander à personne, qui ça voulait dire. Et voilà que précisément, à cette minute, arrivant de Bretagne, ainsi que dans les vieux refrains, Botrel « vint à passer par là ». Il ne manqua donc pas de sauter sur cette Rosalie si avenante et d'en faire avec amour, en deux temps et trois mouvements, la chanson qui porte haut ce titre, et que vous connaissez déjà.

Elle est très belle.

Henri Lavedan, de l'Académie française.

Grâce à la Chanson si française, si joyeusement crâne de notre moderne Tyrtée, les partants de demain iront gaiement à la Victoire en fredonnant Rosalie !

Général V. Goigoux, Gouverneur de la place de Lyon.

... Dans les tranchées, ils sont gais, ils ont de l'esprit, des mots à l'emporte-boche ; ils chantent la Marseillaise et Rosalie...

Maurice Donnay, de l'Académie française.

... Nos soldats n'ont pas besoin seulement du bon ravitaillement que leur distribue l'intendance ; il leur faut aussi des vers et des chansons : Rosalie et la Marseillaise ; sans cela, ils se battraient, non avec moins de courage, certes, mais peut-être avec moins d'entrain, pour la France !

Gabriel Hanotaux, de l'Académie française.

« ROSALIE »

Chanson à la gloire de la terrible petite baïonnette française.

Musique de THÉODORE BOTREL [1].

Mouvement de marche.

[1] L'accompagnement pour piano est en vente chez M. Ondet, 83 Faubourg Saint-Denis, Paris.

Rosalie, c'est ton histoire,
Que nous chantons à ta gloire,
        Verse à boire,
Tout en vidant nos bidons,
        Buvons donc !

* * *

Rosalie est si jolie
Que les galants d'Rosalie,
        Verse à boire !
Sont au moins deux, trois millions.
        Buvons donc !

Rosalie est élégante
Sa robe fourreau-collante,
        Verse à boire !
La revêt jusqu'au quillon.
        Buvons donc !

Mais elle est irrésistible,
Quand elle surgit, terrible,
        Verse à boire !
Toute nue : baïonnette... on [1] !
        Buvons donc !

[1] Ou bien : « La baïonnette au canon ! »

Sous le ciel léger de France,
Du bon soleil d'Espérance
    Verse à boire!
On dirait le gai rayon.
    Buvons donc!

Elle adore entrer en danse
Qaand, pour donner la cadence,
    Verse à boire!
A préludé le canon.
    Buvons donc!

La polka dont ell' se charge
S'exécute au pas de charge,
    Verse à boire!
Avec tambours et clairons.
    Buvons donc!

Au mitan de la bataille
Elle perce et pique et taille,
                    Verse à boire !
Pare en tête et pointe à fond.
                    Buvons donc !

Et faut voir la débandade
Des mecs de Lembourg et d'Bade,
                    Verse à boire !
Des Bavarois, des Saxons,
                    Buvons donc !

Rosalie les cloue en plaine :
Ils l'ont eue, déjà, dans l'aine...
                    Verse à boire !
Dans l'rein bientôt ils l'auront.
                    Buvons donc !

Toute blanche elle est partie,
Mais, à la fin d'la partie,
                    Verse à boire !
Elle est couleur vermillon,
                    Buvons donc !

Si vermeille et si rosée
Que nous l'avons baptisée,
                    Verse à boire !
« Rosalie », à l'unisson.
                    Buvons donc !

* * *

Rosalie ! sœur glorieuse
De Durandal et Joyeuse,
        Verse à boire !
Soutiens notre bon renom.
        Buvons donc !

Sois sans peur et sans reproches
Et du sang impur des Boches,
        Verse à boire !
Abreuve encor nos sillons !
        Buvons donc !

Nous avons soif de vengeance :
Rosalie, verse à la France
        Verse à boire !
De la Gloire à pleins bidons !
        Buvons donc !

En Flandres...

LA CHANSON DU BRANLE-BAS

LA CHANSON DU BRANLE-BAS

Marche des fusiliers-marins. Sur l'air de « En avant, les gâs ! »

Musique de THÉODORE BOTREL [1].

Les marins ont un cœur fidèle
    Qui ne « mollit pas ». } *bis*

Le Devoir au « feu » nous appelle :
    En avant, les gâs ! } *bis*

---

[1] L'accompagnement de piano est édité par M. Ondet, 83, Faubourg Saint-Denis, Paris.

Les marins savent en cadence
  Défiler au pas...
S'il nous faut entrer dans la danse :
  En avant, les gâs !

Les marins ont tous l'espérance
  D'un bien doux trépas....
Mais, s'il faut mourir pour la France,
  En avant, les gâs !

Les marins ont fameuse « pogne »
  Pour « souquer dans l'tas » :
S'il s'agit de cogner, l'on cogne !
  En avant, les gâs !

Les marins sont à la frontière
  Au front des combats :
On n'est pas des gaillards d'arrière !
  En avant, les gâs !

Les marins aiment la bataille
  Et le branle-bas :
S'il nous faut braver la mitraille,
  En avant, les gâs !

Les marins — drapeau tricolore ! —
  Ne « t'amèn'ront » pas :
Pour te mieux baptiser encore,
  En avant, les gâs !

Les marins plus la tâche est rude
  Et moins ils sont las :
Pour venger les Morts de Dixmude
  En avant, les gâs !

(Nieuport-Dixmude, décembre 1914.)

A LA FRANÇAISE

A LA FRANÇAISE !

Sur ma chanson de « Kergariou ».

Musique de GEORGES MARIETTI [1].

[1] L'accompagnement pour piano est édité par M. Ondet, 83, Faubourg Saint-Denis, Paris.

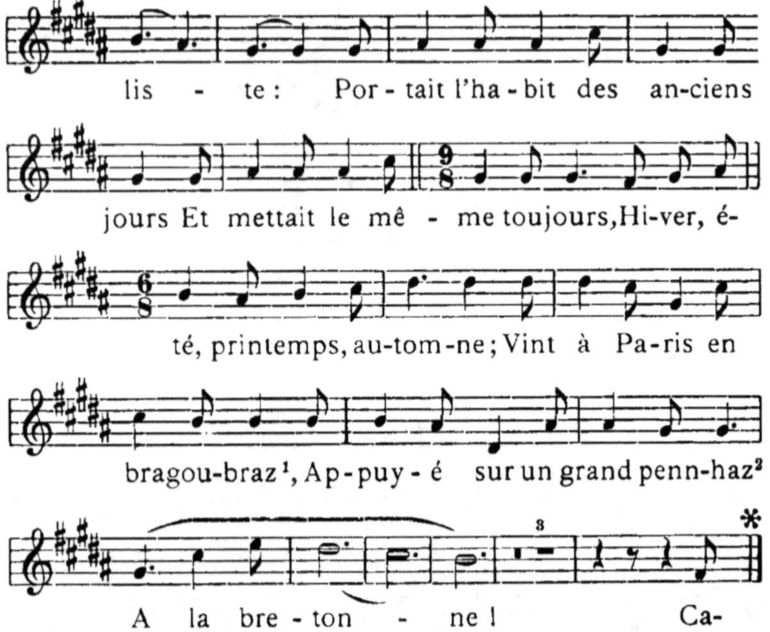

I

Il s'appelait de Kergolan,
N'admettait que le Drapeau blanc
Tant il était Légitimiste.
Il l'était comme ses Aieux ;
Fier et têtu, pauvre comme eux
Et, comme eux aussi, fataliste !
Portait l'habit des anciens jours
Et mettait le même toujours,,
Hiver, été, printemps, automne ;
Vint à Paris en bragou-braz¹
Appuyé sur un grand penn-baz² :
A la Bretonne !

¹ Larges braies bretonnes.
² Bâton breton.

II

Cavalier souple aux clairs regards,
Il s'enrôla dans les Hussards
Dont il fut bientôt capitaine...
Devint la terreur des époux :
Eut deux, trois, quatre rendez-vous
Et puis les compta par douzaine;
De tous les cœurs fut triomphant :
Du farouche qui se défend
Et du craintif qui se hasarde;
Hop là! tous ne faisaient qu'un saut :
Il vous les emportait d'assaut:
     A la Houzarde!

III

Mais voilà qu'au dernier mois d'Août
L'orage éclatant tout à coup
De Kergolan part à la Guerre.
Il s'y bat gaîment, sans souci :
La Mort est une femme aussi
Le beau Breton ne la craint guère !
Or, au matin de Charleroi,
Nous ayant crié : « Suivez-moi! »
Il s'élança dans la fournaise :
Y mourut parmi ses sabreurs
En embrassant les Trois Couleurs :
     A la Française!

DANS LA TRANCHÉE

A mon jeune et vaillant ami,
le Capitaine A. Bruant.

DANS LA TRANCHÉE

Sur l'air de « A Batignolles », d'Aristide Bruant [1].

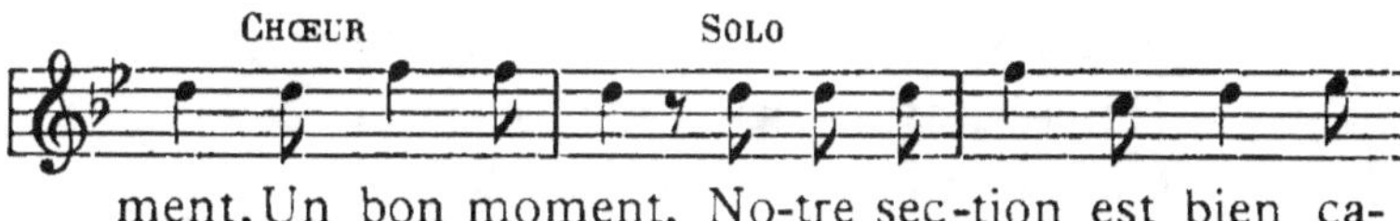

[1] L'accompagnement pour piano est édité par M. Ondet, 83, Faubourg Saint-Denis, Paris.

Je vous écris, ma chèr' maman,
Chœur : Ma chèr' maman,
Durant que, pour un bon moment,
Chœur : Un bon moment,
Notre section est bien cachée
            Dans la tranchée !

Tous pas bileux, tous bons copains,
On est là, comm' des p'tits lapins
— Face aux Pruscots — toute un' nichée,
            Dans la tranchée !

C'est vraiment le p'tit trou pas cher :
Y a pas à dir', c'est « la grande air »...
Quoiq' la vue soit un peu bouchée
            Dans la tranchée !

Mais, par l'orchestr' d'un casino,
Par les tzigan's ou le piano,
On n'a pas l'oreille écorchée
            Dans la tranchée !

Nos « 75 », nos « Rimailhos »,
Nous berçant à leurs trémolos,
On rêve à la Franc' revanchée
            Dans la tranchée !

Dès qu'apparaît le quart seul'ment
De la moitié d'un' gu... d'All'mand,
Nous la rentrons, très amochée,
            Dans la tranchée !

Alors, commenc'nt, sempiternels,
Les arrosages de leurs schrapnels :
La terre en est toute jonchée
        Dans la tranchée !

Nous rigolons dans nos clapiers :
« Quell' collection de press'-papiers,
Pour le retour, sera pêchée
        Dans la tranchée ! »

L'un d'nous est mort — et mort joyeux —
En s'écriant : « Tout est au mieux,
Voilà ma tomb' toute piochée :
        Dans la tranchée ! »

Le sergent — qu'est curé — lui dit :
« Repose en paix, héros béni
Sur qui la Gloire s'est penchée
        Dans la tranchée !

» Nous te veng'rons, nous l'jurons tous,
Car la Victoire est avec nous :
Elle mont' la gard', près d' nous couchée
        Dans la tranchée ! »

GRAND
HOTEL
VICTORIA

LE PETIT PAQUET

LE PETIT PAQUET

Chanson reconnaissante, dédiée à la Française, sur l'air du Petit Panier [1].

La vaillante Française
Que je chante ici
Serait, j' crois, bien aise
De combattre aussi ;
Mais sa tâche est belle,
Amis, qu'en dit's-vous ?
Nous luttons pour elle :
Ell' tricot' pour nous !

Refrain :
Ah ! la bonn' patriote !
Voyez sa menotte,
Comme elle tricote !
C'est son p'tit cœur qu'ell' met
Dans le « p'tit paquet »
Dans le « p'tit paquet » !

[1] Musique chez Dorey, éditeur, Paris (et chez M. Ondel, 83, Faubourg Saint-Denis.)

Jadis, les Bretonnes
Pour leur Duguesclin
Filaient, les mignonnes,
Le chanvre et le lin :
Pour les gens de Guerre,
La femm' d'aujourd'hui,
Comm' cell' de naguère,
Travaill' jour et nuit...

  (*Refrain*)

Ah ! les paquets chouettes,
Si bien ordonnés :
Cal'çons et chaussett's,
Chandails et cach'-nez !
Sans qu'il y paraisse
(En plus du tricot),
Femm', c'est ta tendresse
Qui nous tiendra chaud !

  (*Refrain*)

Puis, y a des gât'ries :
Des cart's, du tabac ;
Des petit's chat'ries :
Bonbons, chocolat ;
Et moi qu'aim' la Gloire,
J' viens mêm' d'y trouver
Ce gag' de victoire :
Un' feuill' de laurier !

(Refrain)

Pour ton point d' chaînette,
Ton crochet t' suffit,
Comm' notr' baïonnette
Nous suffit aussi :
Fière tricoteuse,
Notr' aiguill' d'acier
Est une travailleuse
Qui sait son métier...

Oh ! la bonne patriote :
Dans l'armée Pruscote,
Comme elle tricote !
Faut voir ce qu'elle en met
Dans les gros paquets,
Dans les gros paquets !

LE TRAIN DES SOLDATS

LE «TRAIN DES SOLDATS»

— Bien l' bonjour, Monsieur l' chef de gare :
Est-il passé l' train des soldats ?
— Non ! Il n' pass' point sans crier gare ;
Espèr', ma fille : il n' tard'ra pas.
— Ouf ! tant mieux ! Vrai, j'en suis tout aise :
J' tremblais d'être en r'tard à c' coup-ci !
— Mais, pourquoi donc, ma pauvr' Gervaise,
Viens-tu, quatr' fois par jour, ici ?

C'est-il point, dis, ma p'tit' drôline,
Que tu cherch's à voir un parent ?
— Non! vous l' savez : j' suis orpheline...
Ni pèr', ni frèr' ! — C'est différent!
Donc, c'est un galant que tu guettes ?
Ne rougis point, va! Ya pas d' quoi :
T'as beau n'êtr' qu'un' gardeuse d' bêtes,
T'es gente ainsi qu' la fill' d'un roi !
— Oh! les homm's ne m'argardent guère :
J' suis si pauvr' que j' compt' point pour eux...
Mais n'empêch' que, depuis la guerre,
Ils sont, tertous, mes amoureux :
Oui, tous ceux-là qui, pour la France,
S'en vont s' fair' tuer, là-haut, chaqu' jour,
J' les aim'... que c'en est un' souffrance!
Mais, comment leur prouver c' t'amour ?
Nos « dam's » et nos « d'moisell's » — des riches —
(En ont-ell's de la chanc', cell's-là !)
Peuv'nt leur offrir de plein's bourriches
De fruits, de gâteaux, d' chocolat...
Mais, moi, d' l'autr' côté d' la barrière,
Quoi fair' ?... Ben, v'là : j' les r'gard' passer
Et, n'ayant qu' ça dans ma misère,
J' leur envoie, à chaque, un baiser !

LE CONSCRIT CHANTE

LE CONSCRIT CHANTE!...

Musique de THÉODORE BOTREL [1].

Allegro marche.

[1] Pour se procurer la musique d'accompagnement, s'adresser à M. G. Ondet, éditeur, 83, Faubourg Saint-Denis, Paris.

ré - gi - ment, On les ad - mire, on les ac-
cla - me, On est é - mu, joy - eux, pour - tant :
Dès que le de - voir le ré - cla - me,
Le cons - crit part en chan - tant, Tra la la
la la la la la, en chan - tant.
Dernier couplet.
C'est le com - bat, le ca - non ton - ne,
« De quoi ? dit le cons - crit joy - eux, Cet - te « romance » est mo - no - to - ne ; La Mar - seil - lai - se
vaut bien mieux : Allons, en - fants de la Pa - tri - e ! »

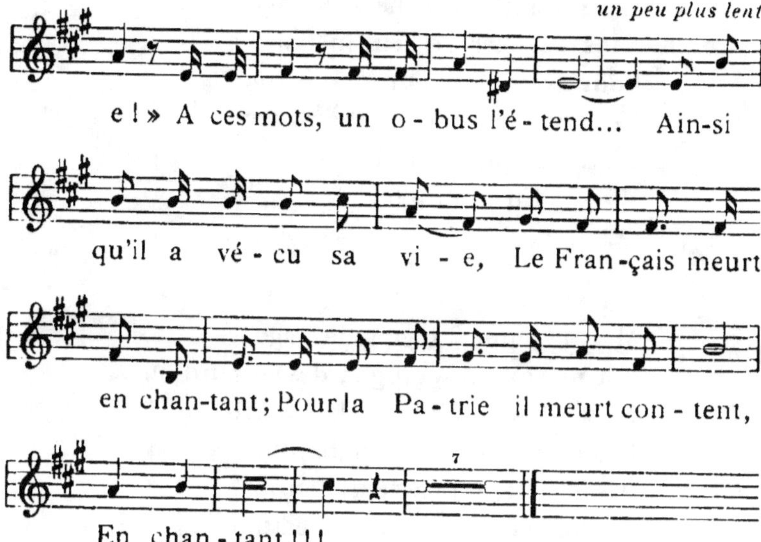

I

Une troupe à travers les rues
S'avance en fredonnant gaiement :
Ce sont les nouvelles recrues
Que l'on amène au régiment.
On les admire, on les acclame ;
On est ému, joyeux pourtant...
Dès que le Devoir le réclame
Le conscrit part en chantant :
« Tra, la, la, la, la, la, la, la ! »
En chantant !

II

Ohé ! petit « bleu », vite, à l'œuvre :
En hâte, apprends ton dur métier !
Gaiement le brave gâs manœuvre
Et pivote le jour entier ;

Il s'entraîne, il trime avec rage
Sans s'arrêter un seul instant :
Pour avoir du cœur à l'ouvrage
Le conscrit trime en chantant :
« Tra, la, la, la, la, la, la, la ! »
En chantant !

III

Mais le jeune « bleu » de naguère
Est presqu'un « grognard » aujourd'hui :
Le voilà « paré » pour la Guerre
Dès qu'on aura besoin de lui ;
Alors, vite, on casse une croûte
Et l'on s'en va, tambour battant :
Afin de raccourcir la route
Le Conscrit part en chantant :
« Tra, la, la, la, la, la, la, la ! »
En chantant !

IV

C'est le combat ! Le canon tonne !
» De quoi ? dit le conscrit joyeux
» Cette « romance » est monotone :
» La *Marseillaise* vaut bien mieux.
» Allons, enfants de la Patrie !... »
A ces mots, un obus l'étend :
Ainsi qu'il a vécu sa vie
Le Français meurt en chantant ;
Pour la Patrie il meurt, content,
En chantant !

EN REVENANT DE GUERRE

EN REVENANT DE GUERRE

Sur l'air « En revenant de noce ».

En revenant de guerre
Je s'rai bien fatigué ;
Mais ne m'en plaindrai guère
Tant j'aurai le cœur gai !

Ah ! j' l'attends, j' l'attends, j' l'attends
Le jour de Gloire
Et de Victoire !
Ah ! j' l'attends, j' l'attends, j' l'attends
Pour la Patrie que j'aime tant !

Je dirai-z-à mon père :
« J' t'ai point déshonoré :
D' la médaill' militaire,
Vois, je suis décoré ! »

Ah ! j' l'attends...

J' dirai-z-à mon p'tit frère :
« Viens me désharnacher ! »
Je dirai-z-à ma mère :
« Fais-moi d' la soupe au lait ! »

Ah ! j' l'attends...

J'embrass'rai Marie-Claire,
Ma jolie fiancée ;
Je lui dirai : « Ma chère,
J' te reviens tout entier ;

Ah ! j' l'attends...

Avertis Monsieur l' Maire
Et Monsieur le Curé...
L'All'mand battu-z-en guerre
J'allons-t-y nous aimer ! »

Ah ! j' l'attends...

VOICI LA NOËL, MON HOMME !

VOICI LA NOËL, MON HOMME !...

Sur l'air de « Va, mon ami, va, la lune se lève... ».

Andantino quasi allegretto.

Voici la Noël !... Hélas ! cette année *(bis)*
Tu ne feras pas la « réveillonnée ! »

> Va, mon homme, va,
> La France est blessée ;
> Va, mon homme, va,
> Tu la vengeras !

Tu n'entendras pas les carillonnées *(bis)*
De nos vieux clochers aux tours dentelées.

> *Va, mon homme, va...*

Tu ne verras pas la ribambellée *(bis)*
Des petits sabots, dans l'âtre alignée.

> *Va, mon homme, va...*

Où la feras-tu la sainte Veillée *(bis)*
Dans le fond d'un bois ? ou dans la tranchée ?

> *Va, mon homme, va...*

Mais que cette nuit, par moi, soit passée *(bis)*
De garde avec toi... du moins en pensée !

> *Va, mon homme, va...*

N'ai-je pas l'Amour qui m'a cuirassée ? *(bis)*
La Prière aussi qui vaut une épée ?

> *Va, mon homme, va...*

Or, de tous les cœurs, en cette nuitée *(bis)*
La même prière au Ciel est montée :

> *Va, mon homme, va...*

« Jésus, que la paix nous soit redonnée *(bis)*
Par la douce Loi dans la Crèche née. »

> *Va, mon homme, va...*

« Noël ! Fais pleuvoir du haut des nuées *(bis)*
Des brins d'olivier dans nos maisonnées !... »

Va, mon homme, va,
La France vengée,
Va, mon homme, va,
Tu me reviendras !

A L'ONCLE SAM

A L'ONCLE SAM !...

(poésie dédiée à l'Amérique pour la remercier des cadeaux de Noël
envoyés aux petits enfants de France.)

Oncle Sam, écoute et regarde
Tous ces petits Français heureux
Qui me prient, moi, leur humble barde,
De te remercier pour eux ;

On leur avait dit : « Cette année
» Père Noël ne pourra pas
» Descendre dans la cheminée
» Car, chez nous, c'est la Guerre, hélas !

» Nul ne peut franchir avant l'aube
» La « zone armée » : et puis, du ciel,
» Un sacrilège et méchant « Taube »
» Pourrait bien mitrailler Noël !

» Sur instance pontificale
» La Crèche est cachée avec soin :
» Comme une simple cathédrale
» On la bombarderait de loin !

» Quand il est revenu de mode,
» Innocents, de vous massacrer,
» Il est prudent de craindre Hérode :
» Couchez-vous sans bruit, sans pleurer ;

» Mettez dans un coin de la chambre,
» Et non dans l'âtre, vos souliers :
» Par ce triste vingt-cinq Décembre
» Les joujoux seront oubliés ! »

* * *

Et voici Noël — ô merveille ! —
Qui nous vient à bord du *Jason*
Et qui nous débarque à Marseille
Sa mirifique cargaison ;

Et, soudain, dans chaque chaumière
Retentissent de joyeux cris ;
Et l'Espoir, comme une lumière,
Éclaire les fronts assombris :

Des mamans au cœur lourd d'alarmes
Les bons rires sont retrouvés
Et — là-bas — les pères en armes
Rient de se sentir approuvés !

* * *

Ah ! sois donc béni par l'Enfance,
Oncle Sam, et sois-le par nous
Toi qui viens semer sur la France
De l'Espoir avec des joujoux ;

Et que les vents de l'Atlantique
Portent — lancés à tour de bras —
Aux petits enfants d'Amérique
Les baisers de nos petits gâs.

(25 décembre.)

SERRONS LES RANGS

SERRONS LES RANGS !...

Musique de THÉODORE BOTREL[1],

[1] Musique d'accompagnement chez M. G. Ondet, éditeur, 83. Faubourg Saint-Denis, Paris.

REFRAIN
rés ! Ser-rons les rangs, A - mis, Toujours u-
nis ! Tous aux combats, Sol-dats, Du mê - me
pas ! Plus hauts les fronts, Les cœurs, les â-
mes, Et ces in - fà - mes Nous les vain-crons
Ser - rons les rangs, Vi - vants Et tri - om-
phants, Et plus en - cor, mou-rants, Ser-rons les
rangs ! Le front dé - jà bai-gné de gloire, Vers la vic - toi - re Courants, Ser-rons ser-
entre les couplets
pour finir
rons les rangs ! rons les rangs !

I

Les Celtes roux aux robustes épaules,
Les fiers Gaulois et les Francs valeureux
Ont fécondé le sol des vieilles Gaules
En le baignant de leur sang généreux :
Ils sont à nous ; ils sont notre héritage
Ces champs, ces bois, ces coteaux et ces prés
Où des bandits, pleins de haine et de rage,
Lièvres peureux, tremblants, se sont terrés !

Serrons les rangs, amis,
    Toujours unis !
Tous au combat, soldats,
    Du même pas !
Plus hauts les fronts,
    Les cœurs, les Ames
    Et ces infâmes
    Nous les vaincrons !
Serrons les rangs, vivants
    Et triomphants
Et plus encor, mourants,
    Serrons les rangs !
Le front déjà baigné de Gloire,
    Vers la Victoire
        Courants
Serrons, serrons les rangs !

II

Ah ! que de fois au cours de son Histoire
Quand on croyait tout sombré, tout perdu,
Notre Pays du fond de la nuit noire
A vu surgir le sauveur attendu :

C'étaient, jadis, un Bayard, une Jeanne ;
C'étaient, hier, un Kléber, un Marceau...
Et quand, sur Lui, de nouveau la mort plane,
C'est, aujourd'hui, Joffre et de Castelnau !

Serrons les rangs !...

III

Gloire à nos chefs ! Jurons tous de les suivre
Jusques au but qu'ils nous désigneront !
Plutôt mourir, mourir dix fois, que vivre
Demi-vaincus avec la Honte au front.
Cœur contre cœur, entonnons, triomphante,
La *Marseillaise* aux farouches élans
Et nous verrons reculer d'épouvante
Attila Deux et ses guerriers sanglants !

Serrons les rangs !...

SONNEZ, CLAIRONS !

SONNEZ, CLAIRONS !...

Sonnez, clairons de la Justice :
Clamez au monde épouvanté
Du Kaiser la duplicité ;
Pour que, sur lui, s'appesantisse
Le mépris lourd des cœurs bien nés,
Sonnez, clairons de la Justice,
    Sonnez !

Sonnez, clairons de la Bataille :
A travers monts, et prés, et bois,
Sonnez le réveil des Gaulois !
Pour que se ruent, cambrant la taille,
Les jeunes comme leurs aînés,
Sonnez, clairons de la Bataille,
    Sonnez ! Sonnez !

Sonnez, clairons de la Victoire :
Que l'orgueil alsacien-lorrain
Rugisse en votre voix d'airain !
Pour nous rouvrir — ô Joie ! ô Gloire ! —
Les deux Pays abandonnés,
Sonnez, clairons de la Victoire,
    Sonnez ! Sonnez !
    Sonnez !

(31 décembre 1914.)

N. D. E. — La 2ᵐᵉ série des « Chants de Guerre » paraîtra sous
titre : *Chansons de route.*

TABLE DES MATIÈRES

TABLE DES MATIÈRES

EN LORRAINE, EN CHAMPAGNE

EN ALSACE

EN FLANDRES

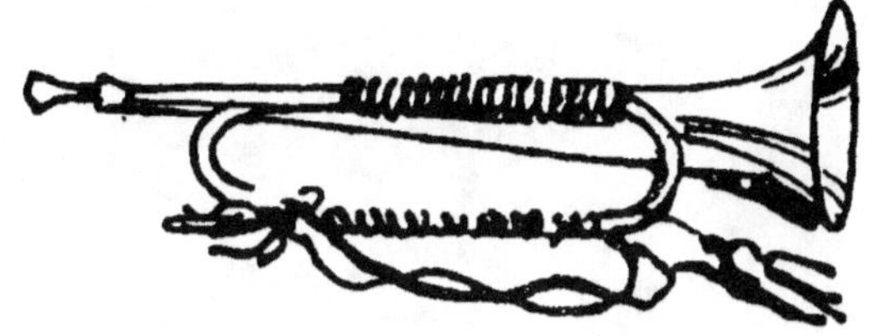

IMPRIMERIES RÉUNIES LAUSANNE.

LIBRAIRIE PAYOT & Cie, PARIS

M. BUTTS

HÉROS! Episodes de la Grande Guerre

Un volume, 400 pages, in-8, sur beau papier, avec 47 illustrations
de F. BOVARD, et 8 portraits hors-texte des généraux Alliés.

Prix **3 fr. 50.**

Chacun des récits très divers que contient ce livre retrace un trait
d'héroïsme ou de dévouement pris dans la guerre actuelle.

Héros! est un livre vivant, coloré, qui vous prend au **cœur** dès
qu'on l'a ouvert.

LA BELGIQUE NEUTRE ET LOYALE

par ÈMILE WAXWEILER

Directeur de l'Institut de sociologie Solvay à l'Université de Bruxelles
Membre de l'Académie Royale de Belgique.

Un volume, 304 pages, in-8, avec un fac-simile. Prix **2 fr. 50.**

Cet ouvrage écrit sans passion, avec un soin constant de haute im-
partialité et un grand sens de réalité, constitue une étude approfondie
sur les événements dont la Belgique a été le théâtre. Il apporte de nom-
breux renseignements nouveaux et décisifs, établissant avec une abon-
dance de preuves la parfaite neutralité de la Belgique avant la guerre **et**
l'absolue correction de son attitude depuis le début des hostilités

MARIUS VACHON

LES VILLES MARTYRES
de France et de Belgique

Statistique des villes et villages détruits par les Allemands
dans les deux pays, avec 37 vues de villes et de monuments
historiques avant et après leur incendie.

Un volume, 200 pages, in-16, avec couverture illustrée en **couleurs.**

Prix **2 fr. 50.**

L'auteur, dont la compétence est indiscutable, décrit sommairement
les villes d'art et les monuments bombardés et incendiés par les Allemands, dresse le sinistre inventaire des dégâts et analyse l'organisation
scientifique du vandalisme allemand. Cette histoire du massacre des
belles choses d'art est une réponse admirable aux Mensonges officiels
allemands.

RECUEIL DES COMMUNIQUÉS OFFICIELS
des Gouvernements et Etats-Majors
des pays belligérants

Séries I à VIII (24 juillet-31 décembre 1914).

Chaque série : un volume in-16, 128 pages. Prix **1 fr.**

Ces recueils élaborés avec un soin minutieux, d'après les originaux,
représentent tout ce qui a été livré officiellement à la publicité par les
Gouvernements, Etats-Majors, Agences officielles, Ambassades, Léga-
tions et Consulats de tous les Etats belligérants dès l'ouverture des hostilités.

www.ingramcontent.com/pod-product-compliance
Lightning Source LLC
LaVergne TN
LVHW010938180726
843502LV00004B/1008